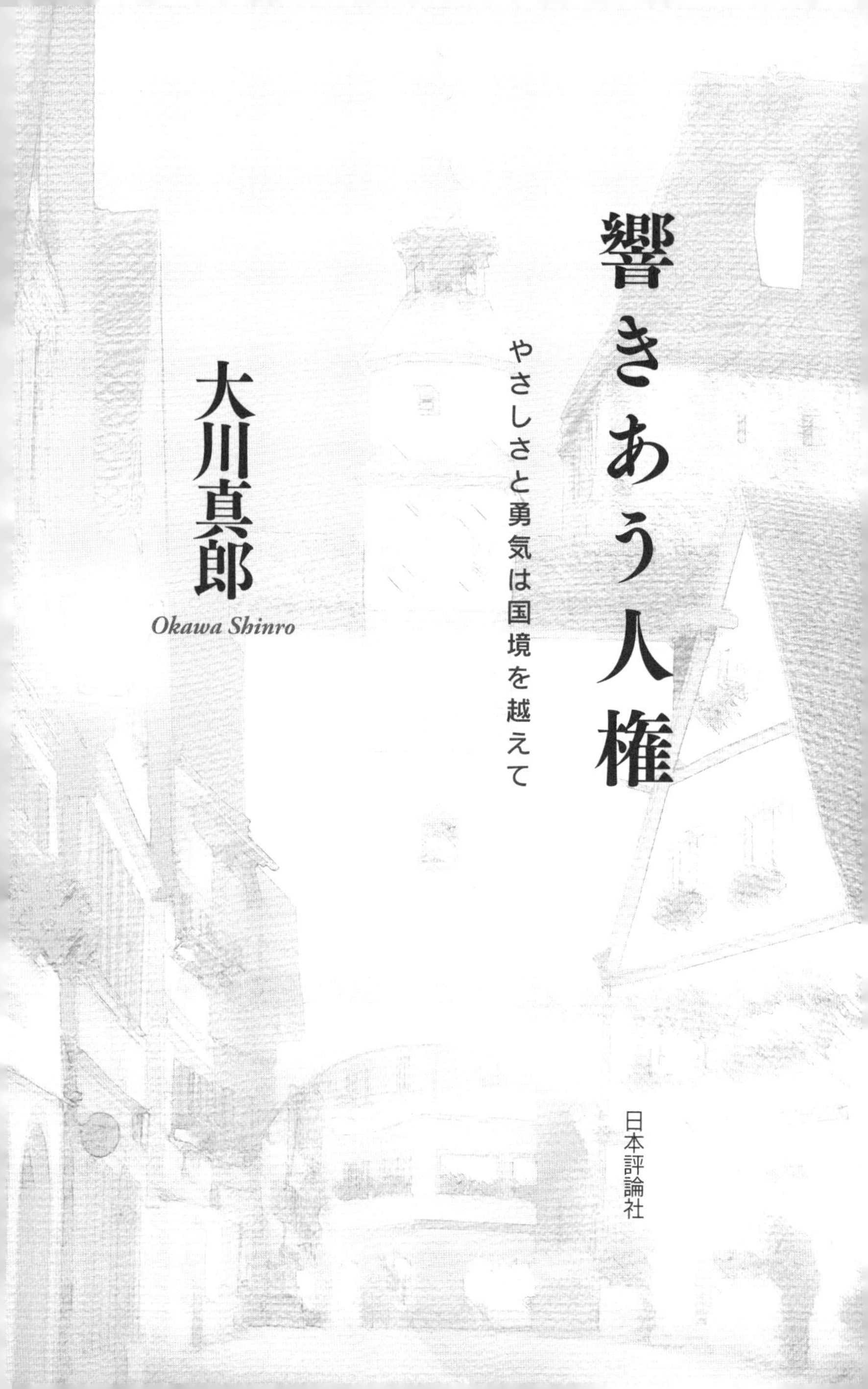

響きあう人権

やさしさと勇気は国境を越えて

大川真郎
Okawa Shinro

日本評論社

はじめに

一九八〇年一一月、私は、自由、人権、民主主義のために活動する諸外国の弁護士への関心から、初めて国際会議に参加した。

そこで知ったのは、多くの国におけるすさまじい人権侵害状況と命がけでたたかう法律家たちであった。

チリの軍事政権のもとで亡命先から参加し、一緒に写真を撮ることさえ拒絶した法律家、カンボジアのポルポト政権による大量虐殺をただ一人免れたという弁護士、金大中氏に死刑判決が言渡された直後の、すさまじい弾圧下にある韓国から参加し、身元が割れぬようサングラスを片時も離さなかった弁護士など。

他方で、迫害を受けながらもたたかう法律家が、世界に向けて訴えられるようにと国際会議などの場を提供し、できる限りの救いの手を差し伸べている非政府国際組織と、その組織でひたむきに支援活動をする法律家を知った。

初めての会議に、何の役割もなく、ただ参加していただけの私は、このような人たちと連帯し、支援するために何ができるかを考えるようになった。

その後の国際会議で衝撃を受けたのは、とりわけフィリピンの人権状況だった。

フィリピンでは、一九八六年ピープルパワーによって誕生したアキノ政権下で、富裕階級が雇っている民間武装自警団らの一般市民への暴力、人権侵害があとをたたず、その被害者らを守ろうとする弁護士らに対する、法によらない逮捕、処刑、虐殺、強制失踪が起きていた。

私たちは、フィリピンの弁護士らに対する支援活動をおこなった。ささやかな活動であったが、それでも感謝された。

「フィリピンの人権弁護士に対する国際的な支援が進む中で、多くの弁護士が勇気づけられただけでありませんでした。犯行の目撃者も勇気づけられて、刑事裁判の証言に立ち上がるようになりました。そのことで、また情報が集まりやすくなったのです。そして結局政府も攻撃を野放しにできなくなりました」

フィリピンに限らず、一九八〇年代から一九九〇年代にかけての国際社会は、自由、人権、民主主義を求める大きなうねりがあり、それを阻もうとする勢力の反撃によって、弁護士の被害も世界各地で多発していた。

とりわけ、弁護士が人権擁護の活動や国民の民主主義を求める大きな運動のなかで指導的役割を果たすとき、政府や支配勢力から攻撃を受けていた。

弁護士が通常の業務を遂行するときでも、多くの国々では、自由はもとより生命さえもが危険に曝されていた。

その頃、わが国でも弁護士への攻撃、嫌がらせが全国的に多発し、一九八九年一一月には、オウム真理教団による坂本弁護士一家殺害事件が起こった。

依頼者の人権を擁護するためには、弁護士が報復の恐れなしに業務を遂行できなければならない。

国連人権機関も、弁護士攻撃への対応を迫られていたと思われ、一九九〇年八月開催の国連犯罪防止会議は、「弁護士の役割に関する基本的原則」を採択し、これが国際的な規範となった。「基本原則」は、すべての人の権利、自由を保護・確立するために、すべての人が弁護士にアクセスできる権利があるとし、そのうえで、自らが選任した弁護士の援助を受ける権利を保障するとともに、政府はその弁護士を保護する義務があることを定めたのである。

第二次世界大戦の惨禍を経験して、国連憲章の諸原則は「人間の尊厳」を人類の普遍的理念として定め、それをもとに次々と国際人権保障のより具体的な基準がつくられていたが、「基本原則」もその一つであり、不可避的な歴史の流れの中に位置づけられるものであった。

「基本原則」の採択のときから今日までの三〇年を振り返っても、自由、人権、民主主義は、たたかいと反動のせめぎあいの中で紆余曲折しながら前進し、ときに長期間逆行してきた。

いま、世界は全体として逆行のなかにあると思われる。

「人間の尊厳」を求める動きは、これを阻む勢力との苦闘なしには得られず、多大の犠牲が生じるのであるが、ひたすら金銭を追い求めることを度外視して、命がけで「人間の尊厳」を求め、正義を実現しようとする弁護士らの活動は、同じ職業であるだけに心打たれ、そのまま放置できないとの思いになる。

現在、すさまじい弾圧の下にある中国の人権派弁護士の一人は、自分の家族から「危ないから事件を引き受けないでほしい」と懇願されながら、「それでは依頼者を弁護する人がいなくなってしまう」と答えて活動を続けていたといわれ、また、もう一人の弁護士は、「私は、とても小さな一人ではあるけれど、人権のために働くことで、私なりの役割を発揮できる」と語っていたと報じられている。

人権にかかわる国際会議や国際交流は、他国民に生じたことであっても自らの問題と捉え、国境を越えて良心が「響きあう場」といってもよいであろう。このような場の必要性は、このたびの新型コロナウィルスによる感染被害の世界的な広がりによって、一層明らかになったこともあり、本書の表題を「響きあう人権」とした。

私のささやかな経験・知識が、国際人権への理解と国際支援活動に少しでもお役に立つことを願いながら。

二〇二〇年六月

大川真郎

目　次

第1話　ギリシャ・ペリアリ村

一九八〇年一一月、地中海の小島・マルタ共和国での国際会議に参加するついでに、どこに行こうか、地図を見ながら考えた。

マルタに近いギリシャかユーゴスラヴィア（当時）か。ギリシャに決めた。古代ギリシャ文化に触れれば、西洋文化への理解は一段と深まるかもしれない、パルテノン神殿もエーゲ海も一度はみておきたい、と思ったからだ。

私の英会話の先生で、夙川学院に勤務するレスリー・ブリーザック氏は、それなら友人を紹介しようと、ギリシャに住む日本人女性の住所と電話番号を教えてくれた。

アテネでの五日間、ガイドブックを持って遺跡を精力的に見てまわった。まだまだ見たい所が残っているのにマルタに集合する時間が近づいてくる。その女性を訪ねていくのは、少し時間がもったいない感じがした。半ば義務感で、アテネからその人に電話をした。このとき、その人との出会いがギリシャへの旅でなにより心に残るものになるとは想像もしなかった。

ちょうどその人の住む村を訪問することになったその日、ギリシャは三〇年ぶりのゼネストの日だった。バスも鉄道も飛行機も動かなかった。前日、エーゲ海の一日クルーズで偶然大阪地方裁判所の川口冨男裁判官に出会い、久しぶりに日本語を使った。川口さんはハーグでの会議を終えて、翌日ウィーンから帰国するとのことであったが、ゼネストのためアテネで足止めされているのではないか、と私は心配した。

ギリシャのほとんどの交通機関は動いていなかったが、タクシーだけが動いていた。その人を訪問する私のタクシーは猛スピードでアテネから西へ走った。整然としたデモの流れに出会うと、ほどなく街中を通り抜け、オリーブの繁る畑を右に、輝くエーゲ海を左に、一路コリントのペリアリ村に向かっていた。

「あれがサラミス島」

初老のタクシードライバーは紺青の海に浮かぶ島を指さした。紀元前五世紀にアテネがペルシャに勝利したサラミスの海戦は、こんなにアテネに近かったのか。もしあのときペルシャに負けていたら、ギリシャ文化は大輪の花を咲かせずに終わったのではないか、と感慨にふけった。

目的の小さな村は、イオニア海がギリシャの奥深くに入りこんでエーゲ海に近づいたため、ギリシャの南部分が今にも切り取られそうになったところにあった。そのため、東西に細長く入りくんだコリンシアス湾は湖のようにみえる。その「湖畔」に人口二〇〇〇人のペリアリ村があった。

「湖畔」に立って対岸をながめると、何もかも自然のままで、人工のものは見当たらなかった。後方には小高いアクロコリントの岩山がみえ、その麓にあるコリント遺跡に向かって「湖」から吹く風は、ときどき急に強くなり、庭に咲き乱れる花々を叩いたかと思うとまた静まり返った。古代、アテネの戦士も、スパルタの戦士もこのあたりを駆け抜けていったにちがいない。

村は、オリーブ、ブドウ、オレンジなどを栽培する農家と船乗りが多く、私の訪ねる人はギリシャ人の無線技士の奥さんであった。

村でただ一人の日本人であるからか、アナスタシア・ニコライデさん（日本名河崎トシ子さん）の家は村の入口ですぐに教えてもらえた。

この村に入ったときから、なぜか異国にいる感じがせず、初めての土地にもかかわらず、私はくつろいでいた。まるで郷里南紀の小さな集落に来たような、いや、それよりもっとのんびりとしていたからか。

「あの人だ」、二階のベランダに見える人。初めて出会う人なのになぜか旧知の人との再会のように感じられた。日だまりのなかに、服を着こみ、ただ「湖」に向かって座り続けるのが日課のような、八〇歳をこえる彼女の義父が、椅子から立ち上がって歓迎のため私の両腕を取った。そして、私の顔を鋭い眼でのぞきこんで一言いった。彼女はすぐに、そのギリシャ語を日本語に訳した。

「あなたは良い人だ」、うれしい歓迎の言葉だった。

彼女の夫君は遠洋航海に出ておられて不在だった。隣に住む義弟夫婦がやってきた。彼女の友人がやってきた。そのうち義弟の友人たちも集まってきた。みんな素朴な人たちだった。自家製のワインや果物、義妹は私のために近くでつかまえた野うさぎのシチューを用意してくれていた。会話は彼女の通訳が必要だった。彼女が席を立つと、会話がとだえ、私と残された人たちは心の交流を言葉にできず、じれったかった。

私は一時間程度ですぐアテネに引き返すつもりだった。ドライバーとの契約も往復と少しだけの滞在ということで、彼のその日の収入を考えると長居はできなかった。

しかし、その一家の歓迎に、とても一時間で立ち去ることができなかった。いかにも人の良いドライバーも大らかで、私の好きなだけいればよい、料金は先に決めたとおりでよいからと言い、ついに彼もいっしょにその家に上がりこんで、ご馳走をよばれることになった。

そのうち彼女の子どもたち、一〇歳の女の子エリと七歳の男の子ニコが小学校から帰ってきた。母の国から来るお客さんを彼らは楽しみに待っていたのだという。

二人は大きな声でギリシャの歌を歌ってくれた。

ギリシャには古い慣習が残っており、結婚の条件はブリカという持参金の多寡によって大きく支配されるという。いわゆる地位のある男性や前途有望な男性と結婚するためには、女性はそれに見合うブリカを用意せねばならない。

「よいものをもらったり、買ったりすると娘はすぐにしまい込むのです。お嫁に行くときに持っていくのだといってね」、彼女は笑って話した。

ギリシャの近代化も遅れていた。「日本より一〇年は遅れています。洗濯機やテレビの普及もね。テレビに日立やサンヨーのコマーシャルがよくでてきますよ」と彼女。

ギリシャでは昼の一時にすべての仕事が終わるという。義弟の友人二人がワインを飲み始めた。日本人がよく働くことを知ってのことであろうか、私に対し、「こんな生活を悪く思わんでくれ」と言ったのが、気になった。もし、彼らが私たちの国にやってきたら、私のほうが同じ言葉を発せざるをえないだろうと思った。彼らは、なんでこんな忙しい生き方をしないといけないのか、と疑問をもつのではないかと。

思わず長居をしたあと、私は家族全員に見送られて帰途についた。

「こんどは夏に家族そろって来てくださいね」といって手を振る家族に、胸がいっぱいになった。ドライバーはアテネに車を走らせながら、「本当に良い家族だったね」「あなたにとってすばらしい休日だったでしょう」と繰り返した。

異国の地での思わぬ出会いに心が温まった。どの地を訪問しても、結局、記憶に残る感動は、人と人との交流から生まれるのだとしみじみ感じた。言葉が通じなくても、国境や人種を越えた交流が、私の人生を豊かなものにしてくれた。

夕暮れ迫るエーゲ海、遠くに浮かぶ島々の光景は、古代ギリシャの神々の存在を思わせ、忘れられない日となった。

第2話　衝撃を受けたマルタの会議

初めての国際会議

マルタの名はどこかで聞いたことがあった。それは小説『マルタの鷹』だったか。とにかく何の知識もなかった。

機内から見た人口わずか五〇万の小さな島は、一面にひろがる地中海の青さのなかに、突如茶色一色の姿をみせた。

「ヨーロッパというよりアフリカに近いな」

と、隣の座席の山下潔弁護士（大阪弁護士会）が言った。

一九八〇年一一月、国際民主法律家協会（ＩＡＤＬという。一九四六年一〇月に設立された民主的な法律家の国際組織。九〇余の国の法律家団体が加盟。国連の諮問機関で、経済社会理事会のＮＧ

〇として登録されている）が、第一一回世界大会の会場をマルタ共和国に求めた理由を、日本国際法律家協会（国法協）の一会員に過ぎない私はよくわかっていなかった。私は、国際社会への興味と友人の誘いから、初めて法律家の国際会議に参加したのであった。

マルタがいかに重要なところに位置するかは、地図を一目みればわかる。

ヨーロッパ、アフリカ、中東のどこからも近い。だからこそマルタは、わが国の奈良時代以降をみても、東ローマ帝国、イスラム教徒、ノルマン人、ヨーロッパ諸王国、聖ヨハネ騎士団、フランス、イギリスと、めまぐるしく外部勢力に支配された。

最後のイギリス植民地支配は一八〇〇年から続き、一九七四年に独立して共和国となったが、イギリスの軍事基地が撤去され、イギリス軍が一兵も残らず島を去り、完全な独立を勝ちとってからはまだ日が浅かった。

マルタ人は勇敢で、一六世紀に強大なオスマントルコ帝国の攻撃を打ち破り、第二次大戦ではヒットラーの占領を許さなかったという。そして第二次世界大戦後、ますます軍事的に重要な地理的位置にあって、非同盟中立の旗を高くかかげた。

大会は、七一か国、約五〇〇人が参加し、民族自決権、軍縮、新しい民主的経済秩序、生命を奪われない権利などについて報告がなされ、議論され、決議された。

五日間にわたる会議の初日、マルタの司法大臣は、開会演説で「民主的法律家は、常に、不屈に〝武装平和〟の考え方を、〝恐怖の均衡〟の考え方と同様に拒絶してきた。なぜなら、武力による解決ではなく、経済的、社会的、文化的協調による解決こそ、時代の要請であるという確信のうえに、平和は築かれるべきだからである」と語った。

会議第四日目の夜、マルタ共和国大統領主催のレセプションで、大統領は、マルタは非同盟中立を堅持する、将来にわたっていかなる国の軍事基地も許さない、と歓迎のあいさつをし、万雷の拍手を浴びた。

ノルドマンIADL会長は大統領に対し、お礼の言葉を述べた。

「マルタこそ、今なお帝国主義者の植民地支配に対して独立と自由を求めてたたかっている国々にとってよき手本です。マルタこそ、平和の基地であり、マルタの平和にかける努力は、軍縮と核禁止のためにたたかう世界の人々の願いを表しています」

翌日マルタの新聞は、IADLベンツーミ書記長の、「平和のためにこれほどたたかってきた小国は他に存在しなかった」との談話や、大会に参加していたソビエト最高裁長官の、マルタの中立宣言を支持し、「マルタほどこの会議に適したところはない」との談話を掲載していた。

忘れられない人たち

この大会で、私たち日本からの代表団は、「司法問題」「婦人の問題」「環境問題」「スモン薬害裁判」「水俣病裁判」「金大中事件の取り組み」などを報告したが、私は何の役割もなく傍聴しているだけだった。

ただ、「生命を奪われない権利」についての分科会で報告された、各国の人権侵害状況には驚くばかりであった。

端正な顔にどこか憂いをみせるカンボジアの弁護士。当時、ポルポト政権は極端な共産主義政策のもとで、約一七〇万人もの国民を虐殺などで死に追いやったが、彼はその虐殺を免れた唯一の弁護士だった。彼を紹介され、家族全員が殺されたと聞いたとき、私は言葉も見つからず、ただ握手するだけだった。依然としてポルポト政権を支持する国々に対する彼の批判の演説は、流暢なフランス語でなされ、会場からは大きな拍手が沸き起こった。

夜遅くわが国の代表団のホテルに、二人のチリ代表がやってきた。一人はアジェンデ大統領のもとで司法大臣だった人物であった。アメリカのＣＩＡが後押ししたといわれる軍事クーデターの銃撃戦で、自由な選挙で選ばれたアジェンデ大統領が死亡し、そのあと権力を握ったピノチェト大統領の訪日を阻止して欲しいという要請だった。祖国を亡命して訴え続ける人の姿に打たれた。私たちの代表団の一人が善意そのものから記念の写真を撮ろうとしたとき、彼らは即座に拒んだ。情勢の厳しさに身のすくむ思いがした。

いかにも人のよさそうな、学者肌のエジプトの弁護士の演説は、聞きとりやすい英語でなされた。キャンプデーヴィット会談（一九七八年、米カーター大統領が仲介した、エジプトとイスラエルの和平、国交樹立合意）以来、いかにエジプトが反動化し、国民の権利が侵害されつつあるかを切々と訴えたのは、私には意外だった。そのあとのレセプションで、彼のそばにいた二人のエジプト人が一二年も投獄されていたこと、そのとき弁護をしてくれたのが彼だけであったと話してくれた時、労働裁判における私たち弁護士と当事者の労働者との心のつながりに似たようなものを感じた。

わが国における婦人問題について、平山知子弁護士（東京弁護士会）がスピーチを終えると、モンゴル代表が早速あいさつにやってきた。さまざまな人種の集まりのなかで、やはりモンゴル系に親近感を持ったが、わが国の田舎で見かけるようなおじいさんが、モンゴル共和国最高裁長官と知って驚いた。

そのほか、この一年あまりで八〇〇〇人以上が虐殺されたと訴えるエルサルバドルの代表、その訴えに迫力のあった亡命中のウルグアイの女性活動家、この大会の二か月前に韓国軍事法廷は金大中氏に死刑判決を言渡していたが、そのような状況下で最後までサングラスで顔を隠して金大中問題を訴えざるをえなかった韓国の代表、トルコからたった一人で参加し孤軍奮闘していた弁護士、なかでも山下潔弁護士と私が一番親しくなり、マルタを発つ日、早くから起きて見送ってくれたイスラエルの弁護士など、心に残る人たちと出会った。

山下潔弁護士は、スモン薬害裁判の中で、キノホルムが原因であるにもかかわらず、規制がいまだ不十分な国が多く、マルタもそれに含まれていることを知り、あらかじめ持参した英文の文献を大会会場でマルタの代表者らに示し、規制すべきことを懸命に訴えていたのが印象的だった。

私は、厳しい世界の情勢と命がけの闘争の報告を聞きながら、自らの参加の姿勢の甘さを痛感するとともに、世界各地でたたかう法律家の姿に感動し、これまで遠く感じていた国々をより身近に感じるようになっていった。マルタの青い海、そして、この会議で出会った人たちの顔が私の脳裏に焼きついた。

この大会から九年後、一九八九年一二月、マルタは世界中の脚光を浴びることになった。ベルリンの壁崩壊、その後の東欧革命を受けて、ジョージ・H・W・ブッシュ米大統領とミハイル・ゴルバチョフ・ソビエト連邦最高会議議長による首脳会談がマルタで開かれ、米ソ冷戦の終結が宣言されたのだった。

マルタは東西関係の大きなターニングポイントにふさわしい場所だった。

第3話 ノルドマンIADL会長の思い出

心に残る奈良の旅

すぐれた人物とのふれあいが、これほどまでに人の心を豊かにするものであろうか。一九八三年三月、まるで感動的な映画を観たあと、その余韻に浸るのにも似た思いで、私はノルドマン氏を乗せて去ってゆく列車を見送った。

彼と接触した二日間のなかで、今もいくつかの印象的な場面が鮮やかに蘇る。

東大寺三月堂の仏像の前で立ちつくしていた姿。屈託がなく、どんな小さな心づかいにも素直に喜びを示した顔。昼食のひとときにも核軍縮のための国際会議の開催に示した熱意。彼の何気ない振る舞いの中に、気品、深さ、あたたかさ、優雅さを感じとった。

私が彼に初めて会ったのは、そのときより三年前、マルタで開催された国際民主法律家協会（I

ADL）の国際会議だった。会議の期間中、世界的に著名なこのフランスの弁護士は、遥か極東からやってきたわが国代表団にも旧知の友に対するような扱いをしてくれた。

その彼が、イスラエルのレバノンにおけるパレスチナ人虐殺事件を裁く東京国際法廷に出席し、日本での僅かの休日を奈良で過ごすことを希望したという。齊藤一好弁護士（東京弁護士会）から案内を依頼された私は、よろこんで引き受けた。

当時、私は奈良に住んでおり、二日間、ノルドマン氏、齊藤氏と行動をともにした。

その別れのときだった。列車に乗り込んだ彼は、何度すすめても座席に座らず、重い荷物を持ったままドアの前に立ち、私の姿がみえなくなるまで感謝の気持ちを表わし続けた。

七三歳の彼は、三〇歳以上も年下の私を魅了したまま去っていった。

レジスタンスの若き闘士

ノルドマン氏は、一九八〇年一一月、IADLのマルタ大会で会長に就任した。

IADLは、第二次大戦中ナチスドイツのフランス占領下で、レジスタンス（抵抗）運動に加わったフランスの弁護士らによって、戦後創設され、迫害を受けながらたたかっている世界中の人たちに、その実情・課題を世界に向けて訴える場を提供し、救いの手を差し伸べていた。

国際情勢は利害錯綜のもとで複雑をきわめ、激しく動く。国際組織の運営は容易ではなく、IADLも同様であったが、ノルドマン氏が存在しなければこの組織は一つにまとまらないといわれていた。

ノルドマン氏がかつてフランスのレジスタンスの一員であったことは、後にルイ・アラゴンが著した『愛と死の肖像』(青木文庫)で知った。

同書によると、ナチス占領下のフランスのナントで、ナチスの一将校が暗殺された。ナチスは、これがフランスのレジスタンスによるものと断定し、報復措置として、この暗殺とは無関係の、すでに収容所に拘留されているレジスタンス二七人を処刑した。その後、この「殉教者」たちの名前、履歴、役割、遺書、証言、収容所の壁板に書かれた文章など、「かさばった書類の束」が密かに作家アラゴンの手元に届けられた。その内容は、まったく世に知らされていなかった、収容所における肝をつぶすような恐怖の事実であった。アラゴンは、この書類を編集して、一一か国(中立国と連合国)に伝え、レジスタンスへの支援を広げるのに大きな役割を果たしたという。

その「かさばった書類の束」をアラゴンに届けたのは、「ジャン」とよばれる「大柄の、明るい顔をした青年」だった。この青年こそがパリ弁護士会所属の若きノルドマン氏であった。

ノルドマン氏は、戦時下の想像を絶する恐怖の中で、地下組織のリーダーとしてナチスとたたかった勇敢な青年だった。

ナチスに対するフランスのレジスタンスはよく知られているため、フランス人の大半がこれに参加し、あるいは支援したように思ってしまうが、実際は少数者のたたかいだったといわれる。生命がけのたたかいに参加できる人など多くいないのは、当然だろう。それどころか、ナチスに積極的に協力したフランス人は少なくなかったといわれる。だからこそ、ナチスの傀儡ヴィシー政権ができたのであり、そのもとでユダヤ人の一斉逮捕があり、その結果、強制収容所に約八万人が送り込まれ、ほとんどが生還できなかったといわれている。

このような事実を知れば知るほど、私はノルドマン氏の勇気に圧倒された。

ノルドマン氏を慕う人たち

私が最後にノルドマン氏に会ったのは、奈良を案内したときから七年後、一九九〇年にバルセロナで開かれたIADLの大会であった。

この大会でノルドマン氏は会長の辞任を表明した。

「IADLは、小さな組織から大きな組織に発展し、いろいろな国の代表から生命がけのたたかいの報告を拝聴してきました。IADLは、心を開いて世界の正義・民主主義の課題を敏感に捉え、献身的に活動している人たちを受け入れてきました。この組織をさらに大きくするために、もっと多くの、いろいろなレベルの人に参加してもらいたいのです。そのために、リーダーシップのある新しい人に会長のポストを託したいと思います」

アフリカの法律家が直ちに発言を求めて立ち上がった。

「あなたは苦境にある者にとって救いの人でした。そして自由を勝ちとる人でした。世界に自由と正義をあまねく広げるために、あなたは人類すべてにかかわる活動をされ、私たちサハラ以南のたたかいにも連帯の行動をされました。どうか私たちのあなたに対する敬意を、あなたのお国の方々にお伝え下さい」

アメリカ合衆国の著名な女性弁護士がこれに続いた。

「あなたはナチス支配下のフランスにおける地下抵抗運動のリーダーであり、パリの法律家を組織された方でした。あなたは当時、司法省にライフル銃をもって乗りこみ、大臣を人質にするという勇気を示し、また諸国民の解放のため、スペイン、ギリシャ、ポルトガルなどいろいろな国で支援活動をされました。

さらに戦後は、国際人権規約の制定に貢献され、国連憲章の敷衍にも努力されました。あなたは世界の政界、学界のトップを友人にもつ重要な人ですが、自らはそのようなところで活動なさらず、このようなIADLの仕事に努力されてきたのです。あなたの叡智と勇気をどうか私たちに与え続けて下さい。私たちはあなたから学び続けたいと思います」

会場からはノルドマン氏の勇気を讃え、尊敬を表す言葉が次々と寄せられた。

二年前の一九八七年八月、キューバで開かれたアメリカ大陸法律家会議に参加したときにも、たまたま会場に向かうバスの中で、私の隣りの席に座っていたチリの老法律家が、かつてノルドマン氏と出会ったエピソードを誇らしげに話していた。ノルドマン氏の人望の厚さを窺わせる出来事だった。

私が奈良を案内したとき、氏に東京から同行された、IADL国際書記の齊藤一好弁護士は、ノルドマン氏とほぼ同じ年齢だった。彼もまた水俣病裁判や薬害スモン裁判などで著名で、立派な方だった。

齊藤氏は、後に『鐘鳴りわたれ——回想の群像・法律家運動』(小田成光編集・勁草書房)の中で、奈良でのノルドマン氏のことを次のように書いている。

「ノルドマン氏は、奈良の月日亭の風呂の勝手がわらず、私を見よう見まねで、浴槽を出たり入ったりした。そして、出された日本料理をすべて食べた。後日、彼は私に笑って、『そのときの風呂が熱かった』と告白したため、彼が〃熱い〃などと一言もいわず、我慢して入ったことを知り、恐縮した」「彼が、IADLを現在の段階まで引っ張ってきた原動力は、レジスタンス以来の不正を憎み、平和を愛し、私が裸のつきあいで垣間見たように、アジアでも、アフリカでも、ラテンアメリカでも、どこへ赴こうとも、その地の人々の風俗、習慣に溶け込む国際性にあったのではあるまいか」

ノルドマン氏を慕う人は世界各地にいたが、むろん、私も氏を慕ってやむことはない。

私はノルドマン氏からもらった手紙をいまも残している。

「奈良の旅は、私の中に美しい想い出として残っています。次にパリでおめにかかれればと思います」

ノルドマン氏も齊藤一好氏も今はこの世にいないが、奈良春日の奥山山中にある月日亭は、いまも静かに時を刻んでいる。

第4話
フランスの裁判官のこと

一九八九年一〇月、日本民主法律家協会の招きで来日したピエール・リヨン＝カーン裁判官の講演を聴く機会があった。

彼がフランス司法官組合の初代書記長と紹介されたとき、裁判官が労働組合をつくっているフランスと、そんなことを考えられもしないわが国との違いにまず驚いた。

話を聞き終えて、国民のための法や制度は、「神」や「権威」が、あるとき国民の前にそっとプレゼントしてくれるものではないこと、また、世界を揺るがしたフランス革命を経験したことで「自動的」に生み出されてくるものでもないことを、改めて思い知らされた。

自由や権利は、たたかいなしには得られないこと、守り通せないことを、氏は自らの体験として語ってくれたからである。

司法官組合は、フランスの裁判官の自由と独立を事実上支えているだけでなく、フランス国民の権利を侵害する法案に対して阻止の活動をし、さらにその取り組みはギリシャの裁判官の救出を求める国際的連帯活動にまで及んでいるというのである。

司法官組合がこのような活動を展開してきたがゆえに、組合員裁判官は当局からさまざまな差別をされ、彼自身も裁判官でありながら、差別撤回を求めて提訴し、敗訴したものの、世論を動かしたというのである。

そして、そのたたかいがあって、社会党のミッテランが一九八一年に大統領に就任してのち、裁判官全体に対する差別攻撃がなくなった、と彼は静かに、淡々と話した。

リヨン＝カーン氏の話は、国民からできるだけ離れることによって、「公平」、「独立」、「権威」を保持しようとするのとは異なる、裁判官のあり方そのものを考える機会をも与えてくれるものであった。


この講演より数年前、あるフランスの法廷を傍聴したことがあった。

私たち日本の弁護士数名は、フランス語がわからないので、傍聴した後に同行の通訳から説明してもらうことにして、民事法廷に入った。

私たちが急に法廷に入ってきたので、裁判長は驚いたようであった。彼は裁判を中断し、日本の弁護士だと知らされると、歓迎のスピーチを始めた。この粋な対応に、わが国との民主主義の土壌の違いのようなものを感じた。

それから二〇年が過ぎ、私は東京地方裁判所の法廷で、自分の事件の順番がくるのを待っていた。

傍聴席は、すでに先生に引率された多数の中学生でいっぱいだった。

事件の審理が終わると、裁判長は生徒に理解させようと思ったのか、檀上から丁寧に経過と内容を説明したあと、生徒に「質問がないですか」と尋ねた。一人の生徒が立ち上がって元気よく「なぜ裁判官になったのですか」と質問した。

裁判長はおよそ次のような答えをしたと記憶している。

「実は医学部の試験に落ちましてね。それで進路を法学部に変えました。その後、司法試験に合格して裁判官になりました。

裁判官の仕事は、刑事事件の場合、その人が本当に罪を犯したのかどうか、犯していると判断したとき、どのような刑罰が相当なのか、を決めることです。

民事事件の場合、社会に生ずるさまざまな紛争で、どちらに権利があるのか、どちらが正当なのかを判断します。

どの人にとっても大切な人生に重要な影響を及ぼす仕事ですから、その責任はきわめて重いのです。それだけに、納得のいく、良い裁判をすることに大きな意義を感じています。

私は裁判官になってよかったと思っていますよ」

次々と質問が続き、裁判長は答えた。

生徒たちはきっと、このやさしい裁判長に好感を抱き、裁判制度そのものにも興味を持つのではないかと思った。

第5話　アメリカの法律家のこと

「不当労働行為制度」の実態調査

一九八二年五月、私たち総評弁護団（現在、日本労働弁護団）所属の弁護士は、アメリカ合衆国における不当労働行為制度の実態を調査するため、全米労働関係委員会（NLRB、わが国の労働委員会に近い組織で、不当労働行為事件を扱う）のニューヨーク支局を訪問した。

不当労働行為制度とは、使用者が労働組合（労働者）に対して団結力の弱体化を図るなど、アンフェアーな行為をした場合に、労働組合（労働者）を救済するための法制度で、わが国の制度はアメリカの制度を手本にしてつくられた（なお、アメリカの制度はわが国と違って、労働組合の使用者に対する不当労働行為も禁止しており、使用者も救済申立ができる）。

私たちの訪れたニューヨーク支局長のシルバーマン氏は、四〇歳過ぎ、長身細身のハンサムな人だった。

私たちは、彼から制度の説明を受けると次々に質問し、さらに裁判傍聴や事件の当事者との面談もお願いした。彼は、私たちの要望にできるだけ応えようとした。彼と約束した時間は午前中だけだったにもかかわらず、結局その日は一日中対応をしてくれ、最後まで少しも嫌な顔をしなかった。

彼から依頼されて、不当労働行為の救済申立てをしていた若い女性看護師のベティさんが私たちのいる局長室に現れた。すると彼は、自分が座っていた椅子から立ち上がり、ベティさんに譲った。彼女は当然のようにそこに座り、私たちの質問に答えはじめた。この間、彼は彼女の側に立ったまま、私たちのやりとりを聴いていた。

星条旗が置かれ、イースト川、ブルックリン橋が見える申し分のない支局長室で、支局長が立派な椅子を彼女に譲り、自らは立ったままというのは当然のマナーだったかもしれない。しかし、わが国ではこうは自然にいかないのではないか、当事者は支局長の椅子に座るのを躊躇するのではないか、と思った。

ベティさんがNLBRに救済を申し立てた事件は、勤務する病院の経営者が、政府の資金援助を受けながら自分の身内を次々に採用して優遇するなど、病院を私物化していることに対し、彼女たちが労働組合を結成し、私物化をやめさせるとともに労働条件の向上を求めたところ、彼女に同調した一人の医師とともに解雇されたというものであった。

この事件で、NLRBは、解雇が不当労働行為にあたると判断して、病院を行政裁判所に提訴していた。わが国の制度と違い、裁判の申し立てをするのは当該労働組合ではなく、NLRBである。

原告であるNLRBに勤務する法務官（弁護士資格をもつ）が、被告の病院と相対するのである。

その日の午後は、彼女と一緒に解雇された医師への尋問があった。

医師は、法務官の主尋問に対し、解雇理由になっている「経営難」は口実であり、本当の理由は自分たちが労働組合を結成したからであると、詳しく述べた。ところが、病院側代理人弁護士の反対尋問は、ほとんど解雇理由に触れず、もっぱらその医師の思想や日頃の言動を取り上げ、医師が「好ましからざる人物」であるとの印象を裁判官に与えようとしていた。しかし、この尋問は成功したようには思えなかった。

法廷は実に活発だった。主尋問に対して、反対側から頻繁に異議が出され、裁判官が直ちにこれを判断し、進行はダイナミックだった。

休憩時間、私はベティさんに証人の医者はどんな人か尋ねてみた。

「本当によい人です。どんなときでも患者を粗末に扱ったことがありません。たとえ時間外であっても、夜遅くても」

ついでに、病院側の弁護士のことも尋ねた。

「彼はこれまで労働事件を扱ったことがありません。不動産関係の事件が専門です。私たちに敵意をもっています。もし、私が彼にこの事件を依頼したら、絶対に勝てないでしょうね」

「彼の弁護費用はどれくらいでしょうね」と尋ねた。

「わからないけど、大きな金額のはずです。一緒にいるあの人（彼女は弁護士と一緒に法廷に来ていた中年の女性を指さした）でさえ、病院で何もしていないのに年間三万ドルももらっているの」

翌日、私たちは、支局長の紹介で、ホテル・モーテル・クラブ従業員組合を訪問し、組合活動家、組合の顧問弁護士と話した。

この組合は、一九三八年にホテル、モーテルの家事、洗濯、飲食料部門の従業員やクラブで働く人たちで結成され、個別企業をこえた産業別労働組合であった。

アメリカでは一九三〇年代まで、レストラン、ホテルの従業員は、休暇が一切なく、給料もなく、チップだけで仕事し、その一部も使用者に渡していたという。労働者が三人以上集まって労働組合の話をすると、コンスピラシー（陰謀罪）に該当するとされ、労働条件の改善を求めると、たちまちこの法律を使って弾圧されたから、組合活動家は、刑務所を出たり入ったりの繰り返しだったという。

この組合活動家は、

「妻は、私が家にいないと、刑務所にいることがわかっていたので、安心だったんだ。だって、浮気していないんだから」

といって、私たちを笑わせた。

アメリカで労働組合が認められるようになったのは。一九三〇年代の終わりの頃で、ようやく団体交渉によって使用者と協定が結べるようになったが、企業・職場ごとの小さな組合では有利な協定を結べず、職場をこえた産業別組合が一九三八年に結成されてはじめて有利な協定が結べるようになったという。

彼らがNLRBをどのように評価しているかを尋ねると、NLRBは、全体として機能を果たしており、よい解決をしているが、時間がかかり、救済命令を得てもその時まで団結が維持できず、実際は敗訴と同じことになるのが問題だ、と話してくれた。わが国でも同じ問題があった。

私の出会ったアメリカの裁判官

ニューヨークでの調査を終えると、私は調査団のメンバーと別れ、アリゾナ州ツーソンに住む古くからの知人である日系アメリカ人ロイ光岡さん・佐智子さんご夫妻を訪ね、そこでの滞在の間、法廷を見学した。

ロイさんに連れられて、たまたま入った法廷では、夫婦間の子どもの奪いあい事件の裁判が行われており、ちょうど和解成立したところであった。

裁判官は、当事者らに協力のお礼を述べていたので、やむなく次の法廷を探そうと席を立ちかけたとたん、裁判官は、傍聴席の私たちに「なぜこの法廷にきたのですか」と質問した。そして、私が日本の弁護士と知ると、自分の部屋にこないかと誘った。ロイさんと一緒に、守衛さんのあとについて裁判官室に入った。

フェントン裁判官は、日本の裁判制度についていろいろと質問したのち、私に「このあとどんな裁判を傍聴したいですか」と尋ねたので、「刑事裁判です」と答えると、彼はすぐに検察庁に電話をした。「検察庁はOKです。お帰りにもう一度お寄りください」と言われた。

検察庁に案内されたとき、すでにワイルド検察官が待っていた。

彼は、それから二時間、法廷の傍聴席で、私の隣に座り、小声で事件の内容や進行状況を説明してくれた。

その裁判は、一人の男が、アリゾナ州、カリフォルニア州などで五人も殺害し、死体を切り刻んで砂漠に捨てたとされる事件だった。傍聴席には、マスコミらしき人の姿はみえず、犯罪が多いアメリカではこれほどの事件でも、それほどニュースバリューがないのかと思った。

傍聴を終えたあと、検察官に「身の危険を感じたことがありますか」と尋ねると、「一人の男に狙われています。いま、刑務所にいるから安全ですが」と答えた。

彼は私たちと一緒に昼食をとると、私に「アメリカの弁護士に会ってみたいでしょう」といって、あらかじめ連絡していた弁護士事務所に連れて行ってくれた。

それからさらに二時間、ダーディス弁護士があちこちを案内し、説明してくれた。ロイさんの助けがあったにもかかわらず、私は貧弱な英語力のため、その説明が終わったときはくたくたになってしまった。ただ、ほっとした、なんともいえない解放感があった。私たちは急いでフェントン裁判官の部屋に戻り、お礼を言った。彼は私の感想を知りたかったのである。

私はフェントン裁判官に記念に写真を撮りたいとお願いした。すると、彼は自分の黒い法服を脱いで私に着せたうえ、自分の椅子に座らせた。私をアメリカの裁判官の気分にさせようとの心づかいであった。

このように私の出会ったアメリカの法律家は、開放的で、友好的で、親切で、アメリカのよさを存分に味あわせてくれた。

第6話 ソビエトの法律家との交流

「国家・法・家族」シンポジウム

わが国のソビエト法の権威である藤田勇東京大学教授（当時）らが加わる「日ソ法学者シンポジウム日本委員会」は、ソビエト科学アカデミー国家・法研究所との間で、「日ソ法学者シンポジウム」を定期的に開いていた。

一九八四年のテーマは、「国家・法・家族」で、モスクワとキエフで開かれることになり、この年から初めて弁護士も加わり、日本からは二〇数名が参加した。日ソ双方がそれぞれ数本の報告をしたが、私は「日本における離婚の現状と法律実務上の問題点」について報告した。

わが国では、この頃、破産事件、サラ金事件とともに離婚など家事事件が多くなっていた。経済面とともに家庭面でも破綻・崩壊が広がり、深刻な事態になっているという問題意識があった。

報告の骨子は、離婚問題を家庭内の個人的な問題としてだけ捉えるのではなく、その背後にある社会的要因を見落とすべきではないこと、今日の離婚の急増は、女性の社会進出や、わが国の長時間労働、単身赴任、労働密度の強化などきびしい労働条件ともかかわること、過保護あるいは学歴偏重社会の下で、精神的に自立しない子育てが進行していること、いまだ残存する男女差別思想や、家制度の名残りをとどめる旧思想と両性の平等の思想の相剋なども密接にかかわること、を指摘しようとした。

ソビエト側の報告で、ソビエトでは未成年者の養育、障害者への経済的支援、男女平等、母子家庭の労働環境や生活条件について国家の配慮がいきとどいていることなど、様々な制度がわが国よりはるかに進んでいることを知った。

しかし、アメリカ合衆国に次いで高いといわれていたソビエトの離婚率は、それが人間解放の面をもつにせよ、大きな社会問題であることに違いはなかった。ソビエトでは経済的に自立する道がわが国よりも開かれており、離婚によって子どもが経済的に追い詰められることが少ないといっても、「家庭の平和」こそが望ましいからである。

ソビエトにおいて特徴的なことは、同国が第二次世界大戦で二〇〇〇万人という想像を絶する数の人命を失い、そのために男女の構成比が崩れ、その不均衡がいまなお家族問題に深刻な影響を与えていることだった。家族の問題を考えるとき、平和の問題にも突き当たることがわかった。

しかし、ソビエトの学者は、自らの体制の優位性を強調し、その理念を語ることに主眼をおき、その現実、実態についての報告が少なかったのは残念だった。一人の学者に至っては、離婚率が高いのは個々人に起因する問題であって、資本主義国と違って、社会、制度などから生じるものではない、しかも、近い将来にその比率は急速に減るはずである、と自信たっぷりに報告したが、はたしてそれは正しかっただろうか。

このシンポジウムの記録は、のちに『現代社会の家族と法――第三回日ソ法学シンポジウムの記録』（日本評論社）と題して出版されたが、日ソ双方ともこのシンポジウムを評価したのであった。

モスクワの一日

ソビエト滞在の二週間、ソビエトの学者の方々にはずいぶんお世話になり、交流を深め、親密になることができた。核兵器による人類絶滅の危機下にある時代において、体制はちがっても相互理解の努力こそが必要であり、このシンポジウムは日ソ友好のためにも意義があると思った。

シンポジウムが開かれない日、街に出た。

モスクワの朝、一〇月初めというのに吐く息は白く、大勢の出勤する労働者が足早に、黙ったまま地下鉄の入口に吸い込まれていく。街が次第に眠りから醒め、活気を帯びてくる。

昼、公園の日だまりに乳母車を押す母親。赤ちゃんは天使のように可愛い。数人の小学生がスキップしながらそばを駆け抜けていった。

夜、地下鉄のなかで、就学前の小さな男の子がおばあさんの膝に顔をうずめていた。おばあさんの眼差しはやさしく孫に注がれていた。

それまで見たことがなかったクレムリンは、すべての人を威圧する堅牢な城砦で、核弾頭さえはね返してしまうような錯覚さえ抱いていたが、初めて見たクレムリンは、核弾頭が撃ち込まれると、他所と同様、たちまち形も残らず破壊されることは明らかだった。

ソビエトの人たちにも核戦争はあってはならないと思った。

このときまで、私のなかに出来上がっていたのは、ソビエトが日本とはまるで違った別世界で、そこで生活する人も私たちとはまるで違う別人であるかのような先入観だった。いわば社会体制の違いが、すべてにわたって違いを生じさせているかのように受け止めていたのである。

確かにソビエトはわが国と比べていろいろな違いがあったが、この旅を終えてつよく感じたのは、そのことよりもソビエトの人たちも私たちと同じ人間で、同じように生きているという当り前のことであった。

レーニンの執務室

私たちは、モスクワ滞在の間、かつてのレーニンの執務室を特別に見学できた。

一般の人が入れないところとなると、それだけで一段と価値のあるものに思えてくる。まして、それがレーニンの執務室であり、書斎であり、食堂であり、当時の閣僚会議室であってみれば、なおさらだった。

一〇月初旬でもモスクワの空はどんよりと曇り、少しでも身体を動かさないと寒さが身に滲みた。

クレムリンの時計が午前一〇時を告げると、私たちはサヴィア塔の下を通り抜けて、建物の中に案内された。

映画「007」に出てきそうな屈強な男が、黙ったまま、私たちを長い正面玄関の閣僚会議用建物へと導いた。ホールも階段も塵ひとつ落ちていなかった。

革命直後の一九一八年春、国旗のデザインをどのようにするかがレーニンを含めて議論され、ついにハンマーと鎌の国旗がこの建物のドームの上に翻ることになった。それを決めたのも、そして、レーニン指導で第八回から第一一回までの党大会が開かれたのも、この建物だった。

いよいよ三階。そこにはレーニンの執務室が当時のまま保存されていた。

机の上には灰色の大理石のインクスタンド、蝋燭立て、緑色の傘のついたランプ、二つの電話などがあった。この机で、人類がいまだ経験しなかった社会主義国家の建設計画が作成された。

息もつかせぬ激動、緊張の情勢下で、生まれたばかりで脆弱そのものの国家を背負って、きっと不眠不休であったろう人物を見守った備品の数々。傑出した頭脳から次々と打ち出された方針を受け止めたペンとメモ用紙。各方面に指令を発したであろう電話。食堂、食器、寝室など、そのどれもがきわめて質素だった。絢爛豪華なエルミタージュ美術館の品々や、冬宮にある、かつてのエカテリーナ女帝の持ち物をいつでも自由に使えたであろうに。

レーニンの蔵書は、本箱、本棚にいっぱい詰め込まれており、それが部屋の壁、廊下の壁と壁の間など、すべての空間をところ狭しと埋め尽くしていた。

それらの書物は、十二か国語にも及んでいるそうで、彼は語学の天才でもあったのか。その領域も幅広く、数学、物理学、社会科学、工学、農学、薬学、化学、地理、軍事科学に及ぶという。

一つの本箱に、レーニン著の世界各国で翻訳された『国家と革命』が並べられていた。そこに松川事件で著名な岡林辰雄弁護士の日本語訳を見つけた。

屈強な男が帰りも黙って先頭に立ち、私たちは後に続いた。

同行していた藤田教授が私にそっと話しかけられた。

「レーニンが持っているマルクス・エンゲルス関係の書物より私の方が沢山持っているのです。でも理解力が全然ちがうんだなぁ」

謙虚で、ユーモアのある先生の一言が忘れられない思い出となった。

ソビエト連邦が崩壊したいま、レーニンの執務室はどのようになっているのであろうか。

変化の中にあるソビエト

一九八七年四月、大阪弁護士会館において、日ソ法律家交流懇親会が開かれた。

ソビエト側は、「ソビエト科学アカデミー国家・法研究所」に所属する五名の学者で、それぞれ国際法、原子力法、労働法、科学技術法、環境法を専門としていた。

日本側は、元日弁連会長など著名な弁護士が発起人となり、「関西日ソ法律家交流実行委員会」を結成して関西の弁護士に参加を呼びかけた。

当日は、五〇名余が出席した。

このような交流懇親会は、五年前の一九八二年にも開かれたが、このときのソビエトはゴルバチョフ政権下でペレストロイカ（改革）を進めていたため、ソビエト社会、とりわけ司法制度や裁判がどのように変わりつつあるかについての質問が多かった。

和島岩吉元日弁連会長が、実行委員会を代表して開会の挨拶をおこなった。

「私たちは一九八二年、今から五年前に、やはりソ連の法律家の皆さまをこの場所で歓迎し、ソ連の司法制度を中心に懇談する機会を得ました。そこで社会主義国であるソ連の司法制度とわれわれの司法制度は相当異なった態様を示していることがわかりました。しかし、五年前の会合で、いろいろな懇談をしてまいりますと、やはり法律家はいずれも、国が異なっていても、平和のための使徒であることを知ることができました。

また、国を越えて、日本の私たちは、文化的にソ連と密接な関係をつないでおります。私たちの少年時代、青年時代を顧みると、ソ連の文学がわれわれ日本人の楽しみであり栄養であったのであります。私たちの文化を培ってきた精神は、ソ連において発達してきた文学を通じて、日本とソ連の国民の間でしっかり結ばれておったのであります。

現在の国際情勢を見ますと、いろいろな平和に関する大きな問題に当面しております。今日、ソ連の法律家の皆さまと日本のわれわれ法律家がここで懇談することができるのは、国際平和のために大きな意義を認めることができると思います。国がらを越えて、法の目的は平和であることをしみじみ考えさせられるのであります」

これに応えて、ソビエト代表プスタガロフ団長が挨拶した。

「私たちの間には意見の違いというものはあります。しかし、私たちをつなぎ、共通に描いているのは科学であり、これが今回訪日したシンポジウムのテーマだったわけですけれども、これが人々の幸せのために用いられ、人々に害を加えるような形で用いられてはならないということだと思います。

私たちは広島から大阪にやってきました。桜の美しい、大変すばらしい季節にやってくることができました。広島で私たちは原爆資料館を訪れまして、大変深い印象をうけました。この原爆資料館の訪問はこのような悲劇を二度と繰り返してはならないという決意を私たちに新たにさせるものでありました。今、和島先生が、法律家は平和に仕えなければならないということを強調されましたけれども、私もまったくその点に賛成いたします」

ソビエト側からいくつかの報告があり、私たちは用意していた質問をした。

刑事裁判の動向については、興味ある回答がなされた。

ソビエトはペレストロイカのもとで、訴追されている者が、訴追されている事実を確かにおこなったか、はっきりした証拠があるかどうか、十分に根拠づけられているかどうかということが大きな課題になっていること、明らかに無罪判決というものが近年増大していること、これまでのところ、大部分の刑事事件について、弁護士は予審（公判に付するかどうかを決める手続）への関与を許されていないが、より早い段階でこれを認めるか否かの激しい論争がおこなわれていること、などであった。

また、ソビエトにおける弁護士の評価については、すべての人が弁護士を尊敬しているとはいえない、とくに、裁判官あるいは検察官の弁護士に対する評価は、決して高くないが、これは相手方となるからである、国民の中では、大変高いと言ってよいが、弁護士はさらにそれを高めるために努力しなければならない、というのであった。

今回の懇談により、ソビエトの変化する司法の一端を知り得ただけでなく、ソビエト側が理念をもっぱら強調するのではなく、建前と現実・実態の違いについてかなり思い切った発言をし、そのことによって、私たちのかかえる問題との共通部分が明らかとなり、より一層議論を深めることが可能になったと感じた。

夕食会の席で、たまたま私のとなりに座った学者が「法や制度の建前と実際の食い違いの大きさに国民がもはや我慢できなくなったのだ」といったのが印象的であった。

ソビエトの弁護士会を訪問

一九八九年四月、日弁連会長就任直前の中坊公平弁護士を団長に、大阪弁護士会有志はレニングラード市（現在のサンクトペテルブルグ）の弁護士会、裁判所、市第二法律相談所、そしてモスクワ市の弁護士会を訪問し、弁護士、裁判官、検察官、学者らと交流した。

社会主義法を専門にする立命館大学畑中和夫教授、同大学上田寛教授も同行し、いろいろと教えていただいた。

この交流が実現したのは、前述のとおり以前から大阪弁護士会の有志が日ソ法学シンポジウムで来日したソビエトの学者との間で、相互の司法制度、裁判状況について報告し、意見交換するなど交流の機会を重ねていたことによる。

私たちはソビエトを現地訪問して、さらに相互理解と協力を深めたいと考え、レニングラード市弁護士会と私たち大阪弁護士会との間で定期的な交流の場をつくろうとした。

この現地訪問には、「大阪・日ソ法律家交流委員会」を結成し、一六名が参加した。私たちは、出発までに数回打ち合わせをおこない、大阪弁護士会長の親書を持参した。

この頃、ソビエトは、民主主義と人権を伸長させるため、ペレストロイカ（改革）とグラスノスチ（情報公開）をより一層進めていると思われた。

ソビエトにおける、刑事訴訟法（被疑者・被告人の権利、無罪の推定、自白の強要の問題、その他捜査、取調べの問題点など）、刑法（反ソ中傷罪の廃止、死刑廃止など）、裁判制度（裁判・裁判官に対する国家権力・地方権力からの干渉に対する独立の保障、検察官の権限の縮小、取調官の独立保障、参審制に対する評価と改正の方向、裁判官任命制度など）、弁護士制度（弁護士・弁護士会の地位・役割、弁護士自治・懲戒手続、報酬規程など）の各改正の動きについて、報告を聴き、意見交換することにした。

私には二度目のソビエト訪問だったが、モスクワはどことなく五年前と違っていた。緊張で張りつめていた空気が緩み、少し自由が感じられた。その変化は意見交換の場にも表れていた。

ソビエトの弁護士・弁護士会は、国家権力・地方権力から独立し、在野性を強化し、人権擁護のためにより大きな役割を果たそうとする方向にあると思われた。

ソビエト側の発言は、かなり自由に、本音を話すようになっていた。体制の優位性の強調ではなく、現行司法制度の問題点がかなり率直に指摘された。これならお互いに実りある議論ができると思った。

しかも、今回は、相手が弁護士・弁護士会であり、同一職業間の交流であることから、共感するところが多く、仲間意識さえ感じたのであった。

私たちは、以下のような素朴な質問もし、回答がなされた。

質問　刑事事件は、レニングラード市にいる弁護士が順番で刑事事件を受けるのか、それとも刑事事件は、弁護士によって偏りがあるか。

回答　刑事事件を専門に扱っているような弁護士は、確かにレニングラードにもいる。しかし、刑事事件だけしか扱わない弁護士は少ない。大体は、刑事事件も民事事件も扱う。最初、弁護士になったときには、いろんなことをやって、その後だんだんに専門化していくのが普通である。年配になると発言力が出てきて、事件を選ぶことができる。

質問　依頼者は、どの弁護士を依頼するか、選ぶことができるか。

回答　法律によって、市民が弁護士を選択する権利がある。

質問　それでは豊かな弁護士と、豊かでない弁護士が出てくるのではないか。

回答　そのとおり。豊かな弁護士がいる。成績がよい人は、もちろん高い月給をもらう。

質問　刑事事件の場合、裁判が始まってから終わるまでどのくらいかかるのか。

回答　その事件によって異なる。ある事件は何年もかかるが、一日で終わるのもある。平均ではなかなか話しにくい。

質問　弁護人は警察が取り調べた書類を前もって見ることができるか。

回答　それは当然のことで、弁護人の義務である。

質問　弁護士は検察や警察の文書・書類をみるだけでなく、家庭を訪問したり、両親に会ったりして、家庭環境を調べたりすることもあるか。

回答　当然である。

質問　黙秘権の保障はあるか。弁護人として被疑者または被告人に黙秘権の行使を勧めるようなことはあるか。

回答　必ず伝える。黙秘権があることについては、弁護人からだけではなく、捜査官や予審官からも伝える。

質問　拘禁されている被告人・被疑者に自由に面会できるか。

回答　弁護人に選任されれば可能である。

質問　検事の許可があれば捜査段階でも弁護できるのか。一番早くて、いつ許可が出るか。

回答　逮捕後、拘留期間中は、弁護人にはなれない。検事は許可を与えない。

質問　検事が許可しないことを弁護人が争うことがあるか。実際に争われたことがあるか。

回答　許可しないと、上級の検察官に対して、許可を与えるべきだとの異議申立ができる。

質問　ペレストロイカのもとで、弁護士や検察官の地位はどのように変わっていくか、それとも全然変化がないのか。

回答　この答は大変むずかしい。これまでの刑事手続はそのまま残っている。
質問　ペレストロイカの中で変えていこうとの方向はないか。
回答　もちろん刑事訴訟法も含めてどのように変えて行くかについて、世論はいろいろある。逮捕時点から弁護人が付くべきであるという議論もあり、提案もある。ただ、立法作業は、刑法については草案ができているが、刑事訴訟法については、改正草案もまだできていない。
質問　勾留されているときの面会時間はどのくらい認められているか。
回答　弁護人が面会するについては無制限である。
質問　監獄について、ペレストロイカでよくなる方向にあるか。
回答　変わる方向にある。すでに改正草案が発表されているが、その中で囚人の拘禁条件も改善している。
質問　現在、ソ連の監獄がいっぱいで、入りすぎているということはないか。
回答　ペレストロイカのなかで、一般的に言えば、自由刑以外の、すなわち身柄拘束を伴わない刑罰が主流になりつつある。
質問　だから刑務所はいっぱいでないと……。
回答　はい。しかし、空っぽでもない。
質問　死刑判決は多いのか。
回答　死刑は例外的な判決になっている。もちろん必要的弁護事件で、弁護人が必ずつかなければならない。死刑判決が出る可能性があるような犯罪について、弁護士会が死刑判決に賛成した例は、今まで絶対にない。

死刑判決を受けても、実際に執行されるまでは、およそ一年ぐらいあるので、弁護人は、その間にさまざまな破棄申立をするのが普通である。だから最高裁は、いつも死刑判決については、恩赦というか、そういうふうなことを行う可能性がないかどうかについて検討する義務を負っている。

法律によって、死刑のかわりに二〇年間監獄に入れ、自由を剥奪することもある。

死刑問題に関して、わが国では二つの原則的な考え方の対立がある。一つは、これを完全に廃止すべきであるとする。もう一つは、まず制限すべきだとし、その後廃止すべきだとする。

個人的見解としては、死刑は原則的に縮小し、二つの場合を除いては、廃止をする。一つは、たとえば核戦争とか、これは人類に対する犯罪。二つ目は、戦時における軍事犯罪。

この二つに関しては、死刑はやむを得ないが、他のものについては、廃止すべきだと思う。

この訪問のなかで、私たちは、今後もこの交流を続けるため、次のような要望をした。

①大阪およびレニングラードの法律家は相互に友好関係を樹立し、発展させることに努力する

②大阪およびレニングラードの法律家が相互に訪問し、交流できるように努力する

③大阪弁護士会とレニングラード市弁護士会との交流実現に努力する

その後、レニングラード市弁護士会からこの通り合意したい旨の文書が届いた。

ところが、間もなく、一九九一年、ソビエト連邦そのものが崩壊した。

この大変化を現地の弁護士たちはどのように受け止め、その後、どのような活動をしているのか。

私にとっては突然の出来事であり胸中様々な想いが湧いてきたが、ついぞそれを知る機会は訪れなかった。

私たちの交流は途絶えたままである。

第7話
マドリードのメーデー

一九八六年五月一日、マドリードは雲一つない青空だった。遠くグアダマラ山脈の頂きに残雪があるものの、直射日光はつよく、長時間立ち続けると汗ばんできた。レティロ公園のチューリップは少し盛りを過ぎてはいたが、それでも新緑の中に赤の色どりを添えていた。

ギリシャの旅で知り会ったスペイン人に招かれ、マドリードに到着した日が、ちょうどメーデーの日だった。

メーデーはこの公園に近いアルカラ門のある独立広場からスタートし、市内を行進したあと、再びここに集結して終わる。行進を開始したメーデー参加者は、午後一時過ぎにゆっくりとした足どりでこの広場にもどってきた。プラカードや旗はそれほど多くないが、先頭に立つ人たちが大きな横断幕を持っていて、そこには「ニカラグア、リビアと連帯」と書かれていた。ほとんどの参加者の胸にはC・C・O・OやP・T・Sなどの労働組合のワッペンがつけられていた。

この日、全産業の労働者が集まったといわれたが、なかでも運輸労組、通信労組、金属労組の横断幕が目立った。社会労働党系、共産党系（カリリョ氏の党、イグレシアス氏の党）などの統一メーデーだった。

アルカラ門を背にして演壇がつくられ、組合幹部らが勢ぞろいすると、演説が始まった。それは集まってくる群衆に向かって、力強く訴えるものだった。演説の間、これに呼応して三、四度だけ群衆のなかから、チリの軍事独裁政権下の大統領「ピノチェトを倒せ」、「ユニオン（団結）！」の叫びがあがった。それでも全体に静かで、普段は陽気なはずの人たちの顔はきまじめそのものだった。参加者の階層も若い青年男女から高齢の男女まで実に幅広く、警備といえば、四、五台の警察車をみた程度で、それも集会の場所から相当離れたところに停められており、会場には警察官の姿は見えなかった。

メーデーのスローガンは、NATO（スペインではOTANという）からの離脱、ゴンザレス政権（当時）の経済政策批判、ニカラグア・リビア支援、チリ軍事独裁反対が中心だった。集会広場では、チリの亡命者らがカンパを求めており、カリリョ氏の党は機関誌を精力的に売っていた。日本のメーデーほどではないが、ビラもまかれており、そのなかにはモロッコにおける人権侵害事件に抗議したビラもあった。

私はマドリードを訪問する二日前、スペイン南端の港から船に二時間乗ってジブラルタル海峡を渡り、モロッコを日帰り観光していた。モロッコはスペインにとって隣国であり、歴史的に関係の深い国である。

チリ、ニカラグア問題がスローガンになっているのは、両国をかつてスペインが支配し、同じスペイン語圏という親密さからくるのであろうか。

次々と参加者が集結してきた。主催者は三〇万人が集まり成功したと演説していたが、私の友人はスペインの警察発表では常にこれより相当少なく、どちらが正確なのかわからない、と説明した。群衆のなかに、レーガン・アメリカ大統領とゴンザレス・スペイン首相の大きな張り子の像を見つけた。その中に人が入って動かしていた。レーガンは真黒な悪魔のガウンを着ており、ゴンザレスは歯をむき出して、いかにもずるそうな表情をしていた。レーガンは黙ったままであり、ゴンザレスは何やらしゃべっていたが、友人はそれがゴンザレス自身の肉声を録音したもので、上手に国民を欺している様子を表しているのだ、という。ところが、離れていた二つの張り子が、突如、接近し始めたかと思うと、レーガンがゴンザレスを抱擁し、頭をなではじめた。それは同年三月一二日のNATO残留か離脱かの国民投票の結果、ゴンザレス政権が予想をこえる六割のNATO残留支持票を獲得したため、レーガンが喜んでいることを意味していた。

しかし、それでもスペイン政府の対米姿勢は、当時の日本政府のそれとは一味も二味も違った。NATO残留といっても、三つの条件が付けられ、国民投票にかけられた。条件の一つは、スペイン国内の米軍基地を撤去すること、二つは、スペイン軍隊をNATO軍の指揮下におかないこと、三つは、スペインを非核地帯のまま存続させること。

わが国政府は、この三条件を要求さえしていない。それどころか、ますますアメリカ軍に組みこまれ、追従の度を深め、三条件から遠くなるばかりであると思った。

突然一か所から火が燃え上がり、静かな動きの中で、クラッカーがパンパンと鳴った。アメリカ政府に抗議してプラカードが燃やされたのだ。

スペイン国内の反米感情はつよい。同国南端の小さな町、アルヘシラスやタリファでも、「NO・OTAN」、「アメリカは出ていけ」の落書きが多くみられ、このメーデーで配られていたビラにも、五月一一日にマドリード近くのアメリカ軍基地に向けて、基地の撤去を求めるデモ行進をよびかけていた。

この頃、スペイン政府が自国内の米軍基地からリビアを攻撃するアメリカ軍の飛行機の発進を認めなかったとの報道にも接した。

メーデーは二時過ぎに、次第に流れ解散となった。

その後、私はスペインの友人三人に誘われて、アストリア地方の料理を食べ、彼らのアパートでくつろぐことになった。

私は、このマドリード訪問で、スペインの人々が労働問題に真剣に取り組み、核の脅威に明確に反対する意志の強さをあらためて知ることができた。そして、なにより彼らの明るさ、屈託のなさ、私に対するやさしい心づかいがうれしく、ますますスペインが好きになった。

第8話
人びとを熱狂させたカストロ大統領の演説

一九八七年八月、メキシコのユカタン半島にあるメリダの空港を飛び立って一時間あまり、コロンブスが〝世界で最も美しい島〟と言ったといわれる、キューバの首都ハバナに着いたときは夜も更けていた。

日本からアメリカ大陸法律家会議に参加する私たち六名を空港で出迎えたキューバ旅行社のペレア氏は、私たちをマフィアが建てたというリビエラホテルに案内する途中、電燈の灯る建物を指して、「あれが私たちのフィデル・カストロ大統領が執務しているところです」と、誇らしげに言った。バスの中から建物の輪郭さえよく見えなかったが、私はペレア氏がカストロ大統領を敬愛していることだけはすぐに理解できた。

この会議に、日本国際法律家協会が招待され、私は興味と好奇心から参加した。

会議は四日間にわたり、「民族自決」「人権」「労働権」「婦人の権利」「刑罰」の五つの分科会があり、活発に議論がなされた。

最終日の朝のことであった。私たちのバスがホテルから会議場に着いたとたん、二人の男が乗りこんできて、その夜カストロ大統領主催の晩餐会が催されると告げた。バスの中がざわめいた。バスを降りると、すでにその招待状を受けとる長い列ができていた。分科会の会場に入ろうとしたとき、スペインのバスクから参加していた女性弁護士が、「カストロ大統領はこの会議にも出席することは間違いないと思います。今朝は警備があったでしょう。会場入口でバスが停まったのに気がつかなかったですか」と話しかけてきた。実はその前日、現地の刑務所を見学した際、彼女からキューバの印象をきかれ、いまだ十分に答えられる状況にはなかったので、「まあまあ」と曖昧に言ったところ、「その程度なの」と、彼女は私の答えに満足しなかった。彼女もカストロ氏ファンのように思われた。

午後、全体会議の開始直前、ついにカストロ氏が姿をみせた。一九〇センチの巨体を草色の戦闘服で包み、ゆっくりと中央演壇に向かった、そのときだった。全員が一斉に立ち上がった。割れるような拍手が起こったかと思うと、それが〃フィデル！　フィデル！〃の大合唱に変わった。会場全体が興奮し、熱い連帯感に包まれた。

三二か国から参加した約一五〇〇人の法律家は一向に着席しようとしなかった。それは中南米についてほとんど知識をもたない私の心をも十分揺さぶる光景であった。

カストロ氏は長く続く拍手を静かに制すると、中央の席に腰をかけ、五つの分科会報告と全体総括、決議の採択、閉会のあいさつを長時間じっと聴いていた。

私は、カストロ氏が革命前、貧しい人たちの救援活動を行う弁護士であったことを思い出していた。

総会が終了したのは夕方五時だった。カストロ氏は、議長に促されると、ゆっくりと演壇に向かった。しゃべり始めた彼の声は少しかすれており、白くなったひげとともに年齢を感じさせたが、大きな身振りで巨体を動かしながら、休むことなく、精力的に語り始めた。彼が話し始めて三時間を過ぎても、その声、動きには少しも疲れがみられなかった。彼は原稿なしに、たえず聴衆をみつめながら、五つの分科会のテーマごとに熱弁をふるい続けた。労働権に関しては、キューバに失業がないこと、ストライキ権が行使されない理由など、婦人の権利については、かつて売春婦が街頭にたむろしていたハバナにも、革命後はまったくいなくなったこと、男女平等が実現されたことなど、そして民族自決については、アメリカ帝国主義を徹底的に糾弾しニカラグアへの支援を訴えた。

私は、英語の通訳で聴いていたが、十分理解できず、本当に長く感じられた。しかし、夜の八時を過ぎても、誰も帰ろうとはしなかった。それどころか、演説の間、数回、全員が立ち上がり、惜しみなく拍手を送った。

長い演説が終わった瞬間、嵐のような歓声と万雷の拍手が起こった。カストロ氏はキューバの英雄だけでなく、ラテンアメリカ全体の英雄の感があった。私の予想に反して、キューバもサンディニスタ政権（当時）のニカラグアも、中南米で孤立してはいないように思われた。

カストロ氏は、演壇の来賓や執行部の一人ひとりを抱擁した。アメリカ合衆国のジャクソン弁護士を抱擁した瞬間、カストロ氏はアメリカ人民の闘いについて演説で触れなかったことに気がついたようであった。彼はただちに演壇に戻り、アメリカ政府によるニカラグアの反革命軍コントラへの支援物資の輸送に反対し、鉄道に座り込み、両足を切断された一人の活動家に最大限の敬意を表明した（国際司法裁判所は前年の一九八六年六月、アメリカ合衆国の反革命軍支援は国連憲章に違反するとの判決を言渡していた）。

私はキューバ以外の法律家がカストロ氏の演説にどんな感想を抱いたかを聞きたくて、会場から出ると、ベネズエラ、コロンビア、ボリビアなど何人かの法律家に尋ねたが、どの人も絶賛し、そのうちの一人がカストロ氏のやさしい人柄を指摘した。

予定されていた晩餐会は、カストロ氏の演説が長かったため大幅に遅れ、夜一〇時半から始められた。晩餐会では、大勢の人たちがカストロ氏に握手を求めて、彼の周りを囲んだ。その輪は大きくなる一方で、彼に近づこうと思っても容易に近づけない。彼自身も一歩前に動こうとするが動けない。そんな状態が長く続いた。

カストロ氏は、なぜ中南米でこれほど幅広い人気を持つのだろうかと考えた。一握りの者が富を独占する状態を温存しつつ、植民地収奪をはかるアメリカ帝国主義は、中南米諸国にすさまじい貧富の格差と残虐な抑圧体制をもたらしたといわれているが、それをキューバで打破したことへの称賛であろうか。そして、アングロサクソンアメリカに対抗するラテンアメリカ人民の、いわば「血、文化、言語、宗教」の共通から生まれた強烈な連帯感情がその背景に存在しているからか。

アメリカ大陸法律家会議での熱弁もさることながら、私たちのカストロ氏への評価は、帰途キューバからメキシコに入ったとき、より一層高くなった。メキシコシティには、人口二〇〇〇万人とも三〇〇〇万人ともいわれる大きな貧民街があった。その住民たちの住居は、電気も水道も、まともな家具もない、掘っ立て小屋同然のものであった。トイレがないため、耐えがたい悪臭が周囲をおおい、ここに踏み込んだ私たちの仲間の一人は、とてもそこにいられず、早々に立ち去らざるを得なかった。貧民街に立ち入ったのは実にわずかな時間だったが、彼はたったそれだけで悪臭の強烈さに数日間悩まされた、と話していた。

メキシコの人口の五％にあたるといわれる白人エリート階級の住居は、車中からみると、樹木に囲まれた豪邸で、貧民街とはあまりにも違っていた。そして、キューバではこんな貧困も、貧富の格差もみなかったのであった。

二〇一六年一一月、カストロ氏の死去が報じられた。

その報道のなかで、胸を打ったのは、彼が二〇〇三年に広島の平和記念資料館を訪れたときのことであった。

資料館の館長が、「私は母のおなかの中で被曝した体内被曝者です」と話すと、彼は直ちに「お母さんは大丈夫だったのか。あなたは大丈夫なのか」と尋ね、その館長を抱き寄せたという。また、カストロ氏は、ある被曝者の話に目をぱちぱちさせながら聴き入り、「こんな悲惨な話は絶対に世界に伝え残さなければならない」と語ったという。

この報道に接したとき、アメリカ大陸法律家会議で、カストロ氏が長い演説を終えてのち、アメリカ人のたたかいを称賛するために演壇に戻ったときの光景を思い出した。彼はどの国にあっても、貧しい人たち、困難な状況にある人たちに寄り添う優しい心の持ち主だったのではなかろうか。

第9話 インドでのアジア太平洋法律家会議

各国の人権侵害の状況

一九八八年二月。国際民主法律家協会（ＩＡＤＬ）はアジア太平洋地域の法律家会議を、インドのニューデリーで約三〇年ぶりに開催した。二〇か国から約二五〇人が参加し、日本からは一七人の弁護士（石川元也弁護士（大阪弁護士会）が団長）が参加した。

アジア太平洋地域だけの会議は、中ソ対立や中国の「文化大革命」などのために、長い間開催することができなかったが、インド法律家協会の尽力などにより、このときようやく開催された。

この会議は、「平和と人権」「開発と環境」「政治的・市民的自由・人権」がテーマであった。

わが国から提出した五つの報告書のうち、私は人権議題に関わる「アジア各国から日本への出稼ぎ労働者の実態と法的問題」を執筆した。

会議では、数多くの参加国代表者から、自国において民主的な活動家が不当に逮捕・勾留されている事実、正式な裁判によらず権力によって人々の生命・身体の自由が奪われている事実、受刑者、被拘禁者に対して拷問・虐待がなされている事実、国民の政治参加を抑圧している事実など、深刻な人権侵害状況が報告された。

フィリピンでは、一九八六年にピープルパワー（エドゥサ革命）によって誕生したアキノ政権下で、軍部が徐々に発言力を強め、準軍事的民間武装自警団（ビジランテ）組織が全国に広がった。ビジランテによる一般住民への暴力、人権侵害があとをたたないだけでなく、人権擁護活動も暴力的に圧殺されようとしており、その被害は民主的活動家のみならず、人権派弁護士にも及び、法によらない逮捕、処刑、虐殺、強制失踪の事実が報告された。

ネパールでは、政党の結成がいまだ非合法とされていること、シンガポールでは、裁判所が審理を進めないために被告人が審理抜きで二一年間もの長期間にわたって拘禁されている例、バングラデッシュでは、議会の自由・公正な選挙を要求した法律家が逮捕されている例、インドでも、不当な投獄、拘留や男女差別、とくに女性蔑視のダウリーの慣習（花嫁が花婿へ持参金や家財道具を贈るもの）などが報告された。

これらの報告から、アジアの各国で様々な人権問題が発生していることを知ったが、この会議に参加しなかった国々のなかには、もっと深刻な人権状況が存在するものと思われた。なぜなら、この会議に参加する自由さえ奪われている可能性があったからである。

諸調査によると、インドネシアでは、何万人もの人たちが正式な裁判手続きがなされないまま監獄に入れられており、拷問はどこでもみられ、かつ執拗であるといわれていた。スハルト体制に反対する政治団体や宗教団体が弾圧され、新聞や出版は発禁にされ、労働組合は解散させられていた。

台湾では、一九八七年七月、三九年間も続いた戒厳令が解除されたものの、ただちに国家安全法が制定され、依然として表現の自由、集会、結社の自由などが制限されていた。

韓国では、一九八七年一月、一学生が警察の拷問で死亡したことなどを契機に政府に対する国民的抗議がおこり、政府は一定の譲歩を示す民主的提案をしたものの、いまなお民主的な活動をしたものが政治犯とされて獄中にあり、言論、報道、宗教活動に対する統制が続けられていた。

タイでは、王室に対する政治的発言が不敬罪に当たるとして逮捕される例があとをたたず、「共産主義的活動」に参加したという理由で、裁判なしに四八〇日間もの長期にわたり拘留が可能となる「反共法」も存在していた。

一方、社会主義諸国においては、市民的自由が、しばしば「社会主義の建設」「革命の擁護」の名目で不当な制限をうけていた。

宣言・決議の起草委員を経験して

大会では、最後に二つの宣言、六つの決議が採択されることになっていたが、その決議の起草委員をインド・ソビエト・アラブと日本が担当することが、現地に着いてから知らされた。

日本代表団の事務局長であった私が起草委員に指名されたが、そんな力量はないと思い、石川団長に加わっていただくことにした。草案は長時間にわたる議論の末にできあがったが、石川団長は他国の代表と堂々と渡り合い、草案作成という困難な作業を乗り切ることができた。

このときの議論状況を、石川団長は、大会報告書の中で次のように述べている。

「長文の宣言、議決案がその日の夕方渡され、二日目の午後から審議に入った。原案のたたき台はソ連のツーズモハマド教授が作成し、インドのスワラプ判事とアラブ代表が検討して手を入れたという。」

『『人権に関する宣言』の権利条項から入ろう。第一条、第二条、よろしいか、異議なし。順調かと思ったら、第六条の恐怖（fear）」という表現は妥当でない、「terror」とすべきだ、その語感は云々……と、ソ連とインドの間で英語論議、延々と四〇～五〇分も続く。これにはまったく参った。どっちでもよいではないかともいいかねて……。

次が九条……、この表現については三つの言葉がある、その中でどれをとるか、等々の議論が続く。また、哲学的な表現はのぞましくない、できるだけ法律的に、とも。

こうして午後五時すぎまでかかって、この宣言だけでも終わりそうにない。

ようやく、『人権に関する宣言』の前文に移って、私が『アジアの各国の複雑性と多様性を認めつつ、共通の課題に……』と入れたらどうかと発言すると、ＩＡＤＬベンツーミ書記長は賛成したが、インド代表は、この会議は違いを確認するのでなく、共通性を認めることが重要だと猛烈な反対。卒直な感想をいってみたが、反対ならと撤回。

国際人権規約の問題は入らないか、と提言してみたが、それは人権宣言で十分だと反論される。

人権規約の批准がアジア太平洋でどの程度すすんでいるのか、不勉強なのでこれも撤回。前文では『一九五五年第一回アジア法律家会議』を入れるべきだったと思うが、気後れした結果か、見送ってしまう。

二回目は、二日目の法務大臣のレセプションのあと、午後九時半から。

今度は、我々も積極的に最初に発言していく作戦をとる。『二二か国法律家宣言』についての修正意見、いずれも賛成となる。

原案にあった『次の会議は日本の広島で開こう』というのは、個人的には賛同したいところだが、日本の国法協の討議をへていないからと、はずしてもらう。

個別決議の検討に入る。核兵器廃絶、環境・水俣病とりあげよう（と提案）。朝鮮問題では、大韓航空機問題にはふれないこととなる。

午後一一時三〇分、通訳にあたってくれた田村女史ダウン。明日に続行してもらう。

第三日午前も会議と併行して決議起草委員会。日本提案の核兵器廃絶の決議を、宣言におりこんで入れたい。芳沢代表の訴えもとり入れて、ヒロシマ・ナガサキアピール支持も入れよう。環境問題・水俣病の特別決議も、宣言の中に格調高くうたおうということになり、我々の積極的提案が全面的に取り入れられた」

このように、草案は長く、激しい議論の末ようやく完成した。起草委員の仕事には苦労もあったが、大会そのものは実り多いものであった。

たとえば、アジア諸国の中における日本の位置を確認し得たことであった。大会で採択された二二か国宣言の中では原案どおり「科学技術が最も高度に発達し、過去四〇年間の平和の中で蓄積された豊かな富を有する最も先進的なアジアの民族としての日本」となった。

また、核廃絶の課題について、各国のわが国の法律家への期待の高さを知った。ソビエトの法律家が決議起草委員会の席で「このテーマは日本の独占である」といって一同を笑わせたりした。

貧しい人たち

初めてのインドは、私にとってなにかにつけて強烈だった。

私たちの飛行機が、ニューデリーに着いたとき、まだ夜が明けていなかった。空港から市内へ向かうバスから外を見ていると、薄明りのなかで、何かがあちこちで動いているのに気がついた。明るさが増すにつれて、荒涼たる大地のいたるところから、バスが走る道に向かって歩いてくる人たちだとわかった。

一帯には貧相な木々が点在するだけで、目を凝らしても、遥か彼方まで家らしきものは見当たらず、いったい人々がどこから歩いてくるのか、どこで一夜を明かしたのだろうかと思った。そのうち、道に向かってしゃがみこんでいる人の姿があちこちで眼につき、その数が増えていった。しばらくして、その人たちは用を足しているのだとわかった。それが初めて見たインドの大地であった。

デリー市内は、まるでハエが甘い菓子に群がるように、人、人、人の群がりであった。二月というのに強い日差しで、埃、喧騒、不潔、物乞い、押し売り、どれもすさまじいものであった。

交通渋滞で停止した私たちのタクシーに、小さな女の子が駆け寄ってきてドアを叩いた。身体全体が埃と垢だらけ。生まれてからこれまで風呂に入ったことがあるのだろうか、衣服を洗濯したことはあるのだろうか、と思った。手足はやせて針金のように細く、片方の手が正常ではない。事故によるのか、病気をしたのか。何かをしゃべっているのだが、ヒンズー語だと思っていたら、よく聞くと日本語でお金を要求しているのだった。

この間、私たちを案内してくれたインド人ガイドによると、三〇年以上も前は一日一食の人が人口の半分だったが、今は四分の一に減っているとのことであった。

インド滞在最後の夜、私たちはホテルのレストランに集まり、この会議を総括し、感想を述べあった。竹中敏彦弁護士（熊本弁護士会）が、「あの物を乞う子どもたちをみたとき、水俣病を訴えることがこの会議にふさわしいのかと思ってしまいました。しかし、インドでも企業犯罪によって苦しんでいる人がいるはずであり、今後ますます重要な問題になってくるだろうと、気をとりなおして訴えました」と語ったとき、竹中弁護士の人柄と貧しさのもつ悲しい現実とが重なって、たまらない思いになった。

豊かな人たち

他方で、こんなことも経験した。

ニューデリーの一等地にあって、とても閑静で、夜はうっそうとした樹々に囲まれて暗い私たちのホテル周辺が、ある日、いつもとちがって灯が煌々とし、楽隊の音楽が鳴り渡り、大勢の人々が群がっていた。

会議からホテルに帰る途中の私たちは、なにが起こったのかと見ていると、結婚式であった。花婿が白馬に乗り、楽隊を従え、まばゆいばかりの灯りに照らされて、私たちのホテルにゆっくりと向かっていた。花婿は絵から抜け出したような絢爛豪華な民族衣装で身を包み、童話の王子さながらであった。

タージ・マハールの建築で有名な、一七世紀のムガール帝国皇帝シャー・ジャハーンは、細密画も残したが、そのなかに花嫁を迎えに行く息子のダーラー・シコーと付き添う彼の描写がある。この結婚式の行列はそれとまったく同じだった。

行列の後について思い切って大広間をのぞいてみると、数百人が飲食し、おしゃべりをして花嫁の入場を待っていた。そのうちに花嫁が入場し、壇上に花婿と並んで立った。花嫁の見事な衣装は、まさに王女のごとくであった。

この結婚式はいったいどちらが巨額の費用を負担するのだろうか。私たちのガイドをしてくれた博識のムラトニ氏によると、表向きは双方負担であるが、実際は全額花嫁負担ということだった。滞在中、貧しい人びとを大勢見ていただけに、この結婚式の光景はインドにおける豊かな人たちの存在と貧富の格差を強く感じさせた。

帰国して間もなく、ダウリーで結婚の持参金を用意できず、自殺したというインドの女性のニュースが目にとまった。白馬に乗った古式ゆかしいヒンズーの豪華な結婚式の伝統が残っている一方で、ダウリーの慣習もまた残っているのである。

インドの司法の存在感

しかし、インドは古いしきたりだけで成り立っているのではなかった。インドの民主的な面を見落としてはならず、その一例が司法制度だと思われる。この会議を主催したインド法律家協会は、同国の民主主義を担う大きな勢力であり、インド政府に対しても大きな力を持っていることを、私たちは会議に参加してはじめて知った。

会議の開催期間中、参加者全員が、ラジーヴ・ガンジー首相（当時）の招待を受け、首相官邸で昼食をごちそうになった。庭園での立食パーティで、用意されていた食事はすべてカレー味であった。

長身でハンサムな首相が、食事をしている私たちのところに二度も姿を見せ、一人ひとりと握手したのには驚いた。

振り返ると、第二次世界大戦後、アジア地域の国々の民主的法律家を結集する役割を担ってきた中心は、インド法律家協会ではなかったか。さらに同協会は、ＩＡＤＬの重要なポストを担い、世界的にも貢献している。

日弁連の月刊誌「自由と正義」（二〇一九年七月号）で、箭内隆道弁護士（東京弁護士会）の「インドの混沌と司法の存在感」と題する一文を読んだ。

それによると、インドの司法は、他の権力機関と比べて国民の信頼があり、「司法積極主義」の立場から立法権の範囲にまでルールを策定するほどの強い力を持ち、ほぼ毎日、最高裁に関するニュースが報道されて、国民の関心をよんでおり、「司法の存在感は弁護士を含めた法曹界全体によって守られている」というのである。

ラジーヴ・ガンジー首相が私たちを昼食に招いてくれたのは、このような背景があったからであろう。

第10話 フランス人権宣言から二〇〇年

一七八九年、フランス革命の真っただ中、立憲議会で採択されたフランス人権宣言は、「人間は生まれながらに自由にして、各人等しく自由に生きる権利をもつ」と、高らかに謳いあげている。「ここに示された人権のカタログおよびその指導理念――すなわち法の下の平等、人身の保障、無罪の推定、思想・言論の自由、財産権の保障、武力行使の限定、主権在民、権力の分立等は、やがてフランスの国境をはるかに越えて全世界におよび、直接間接にその近代化、民主化に広く、深く、影響した」（日本国際法律家協会の「フランス人権宣言に関する決議」）

この記述の通り、人権宣言の理念は世界中に浸透し、根を下ろしていった。他方で、常に人権とは何かを問い、その実現のための努力を続けることが後世に残された重要な責務となった。

フランス人権宣言の採択から二〇〇年が経過した一九八九年三月、国際民主法律家協会（ＩＡＤＬ）主催の「フランス人権宣言二〇〇周記念国際会議」がパリで開かれ、四六か国から約三〇〇人が参加した。

第一日目のパネルディスカッションのときであった。

フランス人権宣言を人類の進歩が生んだ成果であるとし、その後の新たな人権概念を明確にしつつ、その実現の具体化に関する各国の報告が相次いだ。

海外の著名な学者、最高裁裁判官などによる高邁な理論の展開は、難解だったのに加えて、報告時間が限られ、皆早口だったためか、日本語への通訳者は、報告内容をよく理解できないまま、センテンスにもならない訳をしゃべり続けた。

だからといって、英語通訳にチャンネルを切りかえても、これも早口なためによく理解できず、私はいささか滅入り、腹立たしくなってきた。

そのうち、理論的な話から、次第に各国の人権状況、実態についての生々しい発言が出始めた。

私は、この会議に「フランス人権宣言と今日におけるアジアの人権状況」と題する、大それたタイトルの報告書を提出していた。

その内容は、フランス人権宣言は、アジア太平洋諸国においていまだ実現の道が遠いこと、しかし一九八八年のアジア太平洋法律家会議の開催は、参加各国の深刻な人権侵害状況を知る機会となり、大きな意義があったこと、高度に発達したわが国においてもさまざまな差別が残存し、国家権力による人権侵害があり、とくに最近は昭和天皇の死を契機に、その戦争責任を否定し、天皇の権限強化を求める動きがあること、今後同会議を恒常的に開催し、相互理解と議論を深め、この会議で採択された宣言、決議等の実現のために協力しあうこと、将来的にはアジア太平洋憲章を制定し、諸権利の保障のあり方を見出していく作業など、国境を越えて連帯を強化すべきこと、であった。

日本国際法律家協会の事務局は、それを英文に訳し、会場入り口において参加者が自由に受けとれるようにしてくれていた。こんな事務局の努力に対して、日本代表団の一人でもある私が会場で一言も発言しないのは申し訳ない気がしてきた。

会議が進行する中、せめて報告書を要約して述べることが、自分の責務だろうと考え始めた。また、この会議の前年に開かれたアジア太平洋法律家会議の開催に尽力してくれたＩＡＤＬのベンツーミ書記長、インド法律家協会にお礼の言葉を述べるべきだとも思った。

間もなく、議長が東ドイツの最高裁長官に代わった。

以前に国際会議で彼の顔を知っていたから、私は意を決して議長席に行って発言の機会を求めた。我ながら心臓が強いと思った。彼は快諾し、私を最後の発言者に指名してくれた。

私は、英語でスピーチしたが、スピーチといっても要約文を読んだだけである。

それでも、静まり返った会場の中で、私の声だけがマイクを通じて流れていくのを意識した。発言を終えると拍手があったが、内容をよくわかって拍手してくれたものかどうか、わからない。

スピーチが終わって着席した途端、となりに座っていた、親しい土田嘉平弁護士（高知弁護士会）が、一か所私が言葉に詰まってしまったところをまねて、私をからかったから少し落ち込んだが、しばらくして気をとりなおし、「これで主体的にこの会議に参加できた」と自分に言い聞かせた。

国際会議に参加していると、言葉の壁にぶつかり、十分なコミュニケーションがとれないことも多い。そんな時、私は歯がゆいような気持ちにもなるのだが、それは他の国から参加している者も同じではないかと思う。確かに、意思疎通がとれないのはお互いにとってストレスだが、そのために発言が減ってしまうようでは、何も生まれない。自分の言葉が通じるかどうか不安になるときもあるが、まずは相手の話を聞き、自分の思いを発信することが、国際協力において何より大事ではないかと思った会議だった。

第11話 殺されるフィリピンの弁護士

超法規的な殺害行為

一九八六年に入り、フィリピンのピープルパワーによって、マルコス独裁政権が倒された。アキノ政権が誕生したのち、皮肉にも人権侵害事件が多発した。人権活動家だけでなく、社会的に弱い立場にある人たちのために業務として献身的に活動している弁護士までもが、軍部や警察関係者、右派政治勢力と結びついた民間の自警団などによって、次々と殺され、法律事務所が急襲されたが、そうした事件の多くが検挙もされず、闇に葬られた。

このような活動をする弁護士は、労働者、農民、学生などのために働いており、とくに貧困のため農村から都市に流入して不法建築や不法居住をしている人たちに可能な限りの法的支援をしていた。

アキノ政権でこうした人権侵害事件が多発したのには理由がある。マルコス政権当時、軍隊が国の隅々にまで派遣され、「兵営国家化」がはかられた。これと連携した大地主・資産家らは、私兵を雇い、自警団を組織して、独裁体制維持に協力した。アキノ政権になっても、その体制は崩壊せず、逆に民主化の進行により、既得権益が奪われるのをおそれ、非合法、超法規的な殺害行為が多発するようになった。

第9話のとおり、一九八八年のインドで開かれた第一回アジア太平洋法律家会議において、私たちはこのようなフィリピンの状況を知ることになった。

私たち代表団はインドでフィリピンの弁護士から詳しく事情を聴くうちに、次第に彼らと親しくなったが、その一人がソレマ・ジュビラン弁護士だった。すでに、彼女ら人権派弁護士の身分や生命を保護しようとする国際的な支援が始まっていたことは、ワイツゼッカー西独（当時）大統領と一緒に撮った写真をくれたことでも理解できた。

会議のあと、彼女から私たちに手紙と資料が届けられた。

「私たちの国の状況は、ますます悪化してきました。ごく最近、私の親しい友人で、人権擁護のために活動してきた弁護士が、自宅で妻と小さな娘の前で殺害されました。その二日後に人権擁護活動の指導者が重傷を負い、そのとき三人の警備員が即死しました。私の国では、いま殺人、大量虐殺、行方不明、爆弾攻撃など人権侵害事例が頻発し、それらが未解決のまま闇から闇に葬り去られています。犠牲者は、農民・労働者・学生、そしてついにその人たちを助ける弁護士にも及び、私の属する法律家組織の弁護士がすでに四名も殺されています。私たちは死の脅迫の下にありますが、自由と人権のためにたたかい続ける決意です」

日本国際法律家協会（国法協）の関西の弁護士数名と手分けしてその手紙・資料を翻訳し、「フィリピン人権弁護士の殺害を許さない――現地報告は日本の法律家に訴える」と題するパンフレットを作成して、わが国の弁護士に事実を知らせるとともに、フィリピン政府にこのような攻撃を許さないよう最善の努力を求め、日本政府に対してはフィリピン政府に適正かつ迅速な処置をとることを求める文書を送った。同時にカンパ活動にも取り組んだ。

国法協は、同年一一月、「フィリピン弁護士殺害に関する決議」を採択した。

「フィリピン政府がかかる人権弁護士に対する犯罪行為を厳正に捜査し、処罰することを求めるとともに、今後フィリピンの民主法律家に対する殺害、脅迫など一切の攻撃を絶対に再発させないよう最前の努力を尽くすことを要望する。また、われわれは、日本政府が国際連合憲章、国際人権規約の精神に立脚し、フィリピン政府に対し、かかる事態に対し、適正かつ迅速な処置をとることを要請する」

まもなく、フィリピンの法律家組織から、私たちのささやかな活動が「人権擁護のため最前線でたたかっている私たちを大いに力づけるものでした」という感謝の決議文とカンパのお礼の手紙が届いた。

その頃、来日したフィリピンのイグナシオ弁護士の言葉は、逆に私たちを励ますものでもあった。「フィリピンの人権弁護士殺害に対する国際的な支援が進む中で多くの弁護士が勇気づけられただけではなかった。目撃者も勇気づけられて証言に立ち上がった。そのことでまた情報が集まりやすくなった。そして結局政府も攻撃を野放しにできなくなった」

フィリピン弁護士の来日

一九八八年二月、私たちは大阪でフィリピンのブルタルコ・バガワン弁護士と懇談した。同氏は、日弁連が開催した国際人権シンポジウムに、外国代表の一人として招かれていた。彼は頭のよい好青年の印象を与え、私たちに次のように語った。

「フィリピンで全国的に有名なオラリア弁護士は、労働組合の集会中に連行され、数日後に路上で死んで横たわっているのが発見されました。

革新的な団体の議長を務める弁護士が、集会の後、自分の事務所へ戻る途中、ライフルで撃たれて即死しました。

市の人権委員会委員長をしていたブエノ弁護士は、白昼殺害されました。

貧民の救済に当たっていたノエル・メンドーザ弁護士は、車を運転中、信号で停まったところ、二人乗りのオートバイに乗った男が彼の車に横づけし、彼に弾丸を撃ち込んで殺害しました。

スリガオ弁護士は、民主的な法律家団体の世話役や議長をつとめ、レイテ地域で軍の圧政に耐えかね、マニラに逃げて来た人々の弁護などを担当していました。彼は、彼の法律事務所に爆弾を投げ込まれたり、「命をもらう」と脅迫されたり、尾行されたりしていましたが、その後、五歳になる娘の目前で至近距離から射殺されました。逮捕された犯人は、情報機関の将校から依頼されたと供述しましたが、その将校は、スリガオ弁護士が告訴していた事件の被告訴人でした。将校は逮捕され有罪となり、いったんその職を解かれたのですが、すぐ元の職に復帰しました。

このように、フィリピンの弁護士にとって、人権擁護活動に従事すること自体が大変危険なものになり、恐怖のため活動から距離を置くようになった人もいます」

「日本の弁護士の方々にお願いしたいことの一番目は、フィリピンに来ていただいて、直接にフィリピンの人権派への侵害の状況を見ていただきたいということです。

また、フィリピンで法制度が現実にどのように機能しているか、人権派弁護士がどのような活動をしているかということも、ぜひ自分の目で見ていただきたいのです。

二番目に、アキノ大統領に、人権侵害を抑制する適切な措置をとられるよう手紙を書いていただきたいということです。これは政府に対してある程度の影響力があると思います。

三番目に、多くの日本の弁護士にフィリピンの人権抑圧状況をどんどん話していただくなど、フィリピンでいま何が起こりつつあるかということを広く知らせていただきたいということです。

四番目に、これを言うのは大変はばかれますが、正直に申し上げますと、私たちは経済的な問題を抱えています。お金がないために活動が十分できておらず、資金的な援助をしていただければ、大変ありがたいのです。

五番目に、今後私たちとあなた方日本の弁護士とが継続的に情報交換できれば、と思います。例えば、フィリピンに進出している日本の企業が人権を侵害する側に加担していても調査さえされていません。このような問題について共同して調査や研究を進めることも価値があると思います」

池田直樹弁護士（大阪弁護士会）は、この話を聴き、バガワン弁護士に、なぜ危険な人権弁護士の道を選んだのかと尋ねた。

同弁護士は答えた。

「私は、マルコス政権のとき、フィリピン国立大学に行っており、わが国の人々の貧しさを知り、いろいろな問題が山積していることが分かりました。

そして、自分の能力でやれることを考えた結果、人々を助けるための活動として、自分を最大限に生かせるのは法律家ではないかと思い、この道を選びました。

また、私は学生時代、教員としてアルバイトしていたことがあり、このような問題を考える教員の組織にもかかわっていました。

そのため、学生運動から、いまの活動に移行することが全然不自然ではなく、学生のときの運動をそのまま続けていまの運動となっているのです」

のちに池田弁護士は、これから生命の危険のある自国に帰り、自由と民主主義のために身を投じるバガワン弁護士の姿を想像して、身の引き締まる思いだったと話してくれた。

親しい弁護士に死の脅迫

私たちに資料を提供してくれたソレマ自身が攻撃を受けていた。すでに一九八六年、ソレマの法律事務所のドアに「お前を殺すのはすてきなことだ」と落書きされたが、翌年、ソレマを新人民軍

（ＮＰＡ）の支持者だとして、〝コマンダー・ソル〟とよび、「お前を処刑する」との脅迫が繰り返された。

一九九〇年五月、ソレマの法律事務所に名前を名乗らない五人から相次いで脅迫電話があった。「ジュビラン家は終りだ。まずはソレマ・ジュビランからだ。もし俺がお前ならば、今すぐそこを出ていく。お前の立っているところは今すぐにも爆破されるだろう」

国際人権擁護団体のアムネスティ・インターナショナルは、すでに六人の人権派弁護士が殺害されたのに加えて、ソレマ・ジュビラン弁護士が軍関係者から虚偽の事実をもとに、「死の脅迫」を受けていることに重大な関心をもっている、との声明を発表した。

私たちは、この声明を受けて、アキノ大統領とわが国の外務省アジア局長に、ソレマとその家族の身体・生命の安全を確保するため、すみやかに万全の措置をとることを求めた。

一九九一年九月、幸いなことに、私たちは、わが国で開催された第二回アジア太平洋法律家会議で、ソレマら数名のフィリピン人権派弁護士と元気で再会することができた。しかし、この間、ソレマの弟は、前述の予告どおり、殺害されていた。

彼女は、会議の冒頭で、「大阪の弁護士の方々がフィリピンの人権派弁護士と私に深い関心と支援を寄せてくれたことに感謝します」「日本から、そして大阪から、アキノ大統領に抗議の電報を打ってくれたので、軍の幹部までが『お前がソレマか』と私の顔を見にきました。そして私に直接手を出せなくなりました。私が現在この会議に出席していることが、国際的支援の力を示していま
す」と語った。

会議のあと、私たちと一緒に京都観光していたときのことである。

土田嘉平弁護士（高知弁護士会）が、清水寺で例の「清水寺の舞台から飛び降りる」のことわざを英語で説明した。彼女がそれを理解してのことかどうか、「ここで自殺するのか」とおどけて見せるなど、陽気に振舞っていた。しかし、陽が落ち始めると、「こんな時間は家から出ない。射殺の標的にされる時間だ」とつぶやいたのが忘れられない。

その後、アキノ政権下でともかくも人権保障を定めた新憲法ができ、政府から独立した人権委員会も設置された。

この委員会は、あらゆる人権侵害に対して調査をする権限を有し、政府が適切に人権を擁護するように監督する権限まで有するのであるが、実際の運用では、加害者を訴追するまでに至っていないと報告されていた。

このように、フィリピン政府、最高裁も国際世論に押されたこともあって、制度の改善を進めたが、実際の運用は不十分で、暗殺や拉致が続き、犯人は逮捕されず、公表される事件は、全体のごく一部であるといわれた。

二〇〇一年に誕生したアロヨ大統領のもとでも、人権活動家など八〇〇人以上もの人が軍関係者により殺されたと報告されている。

日本政府も二〇〇七年には政治的殺害について懸念を表明し、友好的経済協力関係を継続するためにも人権問題の解決をフィリピン政府に要請している。

大地主や富裕家族が、いまだ軍、警察、自警団を使って政治を暴力的に支配し、腐敗と汚職がはびこるなかで、二〇一六年五月、ドゥテルテ氏が大統領選に当選した。

「抵抗すれば殺してもよい」

フィリピンの麻薬犯罪は、治安を悪化させ、社会に重大な害悪を及ぼし、一般市民の被害も大きいといわれており、ドゥテルテ大統領は、就任早々からこの撲滅に乗り出した。

しかし、その強権的な手法は非常に危険であり、当選したときから憂慮されていた。同大統領は「抵抗する麻薬犯罪者は殺しても構わない」と繰り返し発言したことにより、捜査当局や自警団が麻薬容疑者を次々と殺害した。殺された者が本当に「犯罪」を犯したか否か、本当に「抵抗」したか否かは、裁判手続のもとで証拠によって判断されなければならないが、その手続きを抜きにして殺害された。

報道によると、大統領に就任してからわずか三か月で、麻薬犯罪絡みとされた殺人事件は実に二五〇〇件を超え、その三分の二が実は麻薬と無関係だったこと、遺体のそばに「密売人」などと書いた紙が置かれるなど、麻薬関係者に見せかけた殺害も頻発している可能性があるという。

仮に、殺された人が麻薬犯罪絡みであったとしても、生命まで奪うことは、犯罪行為と処罰のバランスからも許されないのではないか。現場で殺されるのは、麻薬の製造、輸出、販売をする大元締めでなく、末端の麻薬販売人であることが多いのではないか。販売人も単なる麻薬使用者に過ぎないことが多く、彼らの犯罪の背景には劣悪な家庭環境や、生活環境があるのではないか。「抵抗すれば殺してもよい」という最高権力者の指示は、超法規的殺人を導き、結局国民全体の生命、安全を危険きわまりない状況に置くことになるのではないか。

潘基文《パンギムン》国連事務総長（当時）が、同大統領に「超法規的な殺人の容認は、基本的人権と自由の侵害だ」と釘を刺したことも報じられたが、その後も犯罪撲滅の名目で超法規的な「処刑」が続けられていると報じられている。

二〇一八年一二月、国法協は、「フィリピンの弁護士弾圧・殺害についての声明」を発表した。声明は、ドゥテルテ大統領が就任した二〇一六年七月以降、すでに四人の裁判官、九人の検察官、二二人の弁護士が殺害されている、同大統領が進めている麻薬撲滅行動では、五〇〇〇人以上が「超法規的」に殺害され、さらに政治的な弾圧により反政府活動家も一九六人も殺害され、国際的に大きな非難を浴びているが、加害者は捜査もされず、不処罰となっている、と抗議している。

また、声明は、国際民主法律家協会（ＩＡＤＬ）による現地の調査活動に加わることや、弁護士殺害に反対する国際的な世論を作って行く決意も表明している。

国法協機関誌インタージュリスト二〇一九年七月号によると、国法協会員弁護士は、同年五月「フィリピン超法規的殺人国際調査団」に加わり、現地訪問と関係者から聴取調査をした。その結果、フィリピン弁護士会会長らは、人権の守り手としての弁護士の役割が重要であり、それゆえに国際法上も弁護士の身の安全が保障されなければならないことを強調したこと、ある人権活動家は、二〇〇一年から二〇一八年の間に約七〇〇人の活動家が殺され、ドゥテルテ大統領就任以前からも殺害があったと発言したことなどを報告している。

二〇一九年七月、国連人権理事会はフィリピン政府に対し、超法規的殺害や強制失踪などを止める策を講じ、国連に対してそれらに関する調査報告書を提出することを求める決議案を採択した（わが国は採択を棄権した）。

しかし、ドゥテルテ・フィリピン大統領は、同国の司法制度は「機能」しているとして、決議の履行を拒否しているといわれ、フィリピンの人権状況は、三〇年前と比較してよくなっておらず、いまだ事態は深刻である。

このような「超法規的殺害」を生み出す政治的、経済的、社会的土壌をなくすのは容易でなく、人権擁護の活動は、直線的に進まず、抵抗する勢力による揺り戻しのなかで、紆余曲折をたどらざるを得ないのであろうか。

前述したバガワン弁護士の五つの支援要請は、今も生きている。

第12話 「弁護士の役割に関する基本原則」の成立

突然の電話

一九九〇年七月、中坊公平日弁連会長（当時）から私に直接電話が入った。八月下旬にキューバで開かれる第八回国連犯罪防止会議で「弁護士の役割に関する基本原則」が採択される予定であり、キューバに行ってもらえないか、との要請であった。

「基本原則」の原案は、すでに一年前の一九八九年に国連から日弁連にも送付され、意見を求められたが、日弁連は原案に全面的に賛成する意見（若干の修正を求めた）を提出した。私はその検討委員の一人であった。

わが国では、同年一一月に坂本堤弁護士一家拉致事件が起きるなど、全国で弁護士業務妨害事件が多発していたときである。

原案には、弁護士業務妨害の防止に関する規定が含まれていた。

一九九〇年四月に開かれた日弁連の「弁護士業務妨害緊急シンポジウム」で、私は基調報告を担当し、アジア太平洋法律家会議で知り得た国際人権状況をふまえてこの問題を取り上げたことから要請されたのだろうと思った。

日弁連会長の電話を聴きながら、私は訟廷日誌をめくった。なんとか都合がつきそうだったが、英語の力が心配だった。しかし、会長からのせっかくの申し出だと思い、その場で引き受けた。ところが、電話が切れると、たちまち不安に襲われた。できるだけ努力すればよいと自分に言い聞かせた。

その後、日弁連から国連の英文文書が大量に届けられた。ところが、結局多忙な日々のなかで、すべてに目を通すことができないまま出発することになった。ただ会場で配布するために、「わが国における弁護士の職務妨害とその視点」と題するレポートだけは用意できた。

NGOの重要な役割

国連犯罪防止会議（現在は、「国連犯罪防止・刑事司法会議」に組織変更されている）は、五年に一度開催され、国連加盟各国の経験交流をもとに国際基準を確立し、効果的な刑事改革・刑事実務を促進し、国際協力を推進することを目的とする。

この会議で国際基準が採択されると、国連は加盟国に対して、基準に沿った国内法の整備を求めるため、国内の刑事政策や実務にも多大の影響を与える。

キューバでの第八回会議は、一二五か国が参加し、一二日間にわたって開かれた。この会議では弁護士の権利義務に関する原則を定めることになっていたため、日弁連にとってきわめて重要な会議だった。

国連の会議であるため、参加の主体は政府であるが、オブザーバーとして非政府組織（NGO）の参加が認められていた（日弁連はすでにNGOの一つであったが、一九九九年に国連経済社会理事会における協議資格をもつNGOとして認められた）。

人権擁護活動を推進するNGOは、人権保障に関するさまざまな条約・基準の制定を求めて、自国政府に働きかけるだけでなく、国連での会議の傍聴、ロビー活動、シンポジウムの開催などをすることで、国際基準の引き上げに大きな影響を与えている。

この会議の直前、インターナショナル・ヘラルド・トリビューン紙は「裁判官・弁護士は保護を必要とする」という見出しの、大きな囲み記事を掲載した。

記事を書いたのは、NGOの一つである「国際法律家委員会」（IJC）が、一九七八年に設立した「裁判官・弁護士の独立のためのセンター」（CIJL）所長のリード・ブロディ氏であり、コロンビア、スリランカ、スーダン、ケニア、ペルー、ガーナ、イスラエル占領地区などにおける弁護士・裁判官への攻撃事例を紹介したうえ、次のように述べていた。

「弁護士に対する攻撃事例は、世界的に広がっており、とくに発展途上国に顕著である。弁護士が人権擁護の活動や国民の民主主義を求める大きな運動のなかで指導的役割を果たすとき、政府や支配勢力の一部から攻撃を受けている。人権擁護のためには、弁護士が報復の恐れなしに職務を遂行できなければならないが、多くの国々では弁護士がその職務を遂行しようとするとき、自由はもとより生命さえもが危険に曝されている。このような攻撃に直面して、発展途上国の弁護士会は組織的対応を進め、コロンビア、パレスチナ、ネパール、モロッコ、カメルーンなどでは一定の成果をあげている。弁護士会は攻撃された同僚を救済するための取組みをもっと強化する必要がある。さらに、法の支配を前進させるためにたたかっている世界各国の弁護士への国際的な支援が求められている。国連人権小委員会もCIJLの報告を受けて裁判官・弁護士の保護を監視するために検討を開始した」

国連犯罪防止会議は、五年前の一九八五年の第七回会議で、「政府は司法の独立を尊重し、これを保障し、裁判官に不当な干渉をしない」など、裁判官の安全を保障するために「司法の独立に関する基本原則」を採択していた。

しかし、弁護士に関しては、「市民の権利が十分に保障されるためには、法律、確立された職務上の基準、あるいは、だれからも不当な干渉を受けない裁判に従って、弁護士が依頼者の相談に応じ、あるいは代理し、その権利擁護のために十分な役割を果たせるような法的サービスを提供することが求められている」ことを確認するに留まっていた。

その後、第八回の会議に向けて、「弁護士の役割に関する基本原則」の草案作成と各国の合意形成の作業が進められた。その作業には、各国の実態調査が不可欠であったが、これをおこなったNGOの一つがCIJLであり、一九八九年に「裁判官・弁護士への嫌がらせと迫害」と題する事例報告集を発行していた。

NGOの一つ、アムネスティ・インターナショナルも、この問題にとりくんでいた。同団体の事務総長は、一九九〇年五月、日弁連で講演し、「弁護士が危険にさらされる職業となっている地域は世界中に数多くあります。ある国では、弁護士が依頼者を弁護しただけで、起訴もされないまま無期限に拘留されていますし、ある国では拷問を受けています。それどころか、暴力的に殺害されている国もあります。このような事例は、アムネスティ・インターナショナルのファイルに定期的に現れます」と語った。

国際民主法律家協会（IADL）も、一九九〇年三月に開催されたバルセロナでの第一三回大会において、弁護権の擁護について議論した。

ベルギー代表は基調報告で、弁護士は政治的にも、経済的にも独立した存在であるべきこと、その地位は国によって保障される必要があること、弁護士への攻撃に対して国に訴える機会が保障されること、国際レベルで弁護活動の権利が保障される必要があることを強調した。それをもとに、アメリカ合衆国、南アフリカ連邦、スペイン、グァテマラなどの代表が自国の攻撃事例について報告した。わが国の代表も一九八九年一一月に起った坂本堤弁護士一家拉致事件について報告し、各国に支援を要請した。

この頃、わが国では弁護士への攻撃が頻発しており、その中でも坂本堤弁護士一家拉致事件は、わが国の弁護士会内外に大きな衝撃を与えていた。

日弁連においても、一九九〇年四月、前述の緊急シンポジウムで、中坊会長自から、事件発生から六か月あまり経過したのに未解決なのは遺憾である、この事件は人権擁護を使命とする弁護士が必然的に外部から人権侵害される危険に直面していることを示すものである、全弁護士が危機意識を持ち、いざという時の対策を考える必要がある、と訴えていた。

「基本原則」の採択

国連犯罪防止会議の最終日に、「弁護士の役割に関する基本原則」は満場一致で採択された。「基本原則」は、二九か条から成り、弁護士を司法運営に不可欠な存在とし、すべての人が刑事手続のあらゆる段階で弁護士の援助を受ける権利を有すること、すべての人が遅滞なく弁護士と相談し、通信する十分な機会、時間、設備を与えられること、被疑者には逮捕時から四八時間以内にアクセスする権利があること、実効的な弁護ができるよう捜査官の手持ちの証拠に、できるだけ早い相当な時期にアクセスできる権利があること、弁護士は依頼者の自由と基本的人権を擁護して積極的に取り組む義務を負う一方で、そのことによって攻撃をうけることのないよう政府は弁護士を保護する義務があることなどを定めた。

その後、「基本原則」は国連総会で承認された。

国連犯罪防止会議における「基本原則」の審議のなかで、残念に思うことがあった。「基本原則」は、わが国の政府代表が議長をつとめる委員会で審議されたが、議事運営はＮＧＯに厳しく、その発言を制約しがちであった。他方、もう一つの委員会ではスウェーデンの最高裁判事が議長であったが、これと対照的な運営で、できるだけNGOにも発言させせようとする進行で、見ていて気持ちがよかった。

また、わが政府代表は、各国の事情の違いや特殊性を強調し、国際基準を普遍的原理として適用することに消極的な姿勢がみられた。

さらに、わが政府代表の修正提案によって、「基本原則」原案の「刑事手続において捜査又は公判前手続の終了以前に、弁護士は捜査官の手持ち証拠にアクセスできる」という文言が、「このようなアクセスはもっとも早い適当な時期に与えられなければならない」とのあいまいな内容に変更された。一部の参加国から、日本政府提案では、被疑者の権利が保障されないとの反対意見が出されたが、押し切られた。

それでも、「基本原則」の成立により、弁護士を保護し、その職務を保障することが国際人権の一部となり、しかも国を越えて相互援助を図るべきこと、とされたのである。

なお、「基本原則」とその「解説」は、わが国の全ての弁護士に配布される日弁連の機関誌「自由と正義」(四一巻八号)に掲載された。

キューバを発つ日

その日、午前五時に起きた。いつものように朝から英文の資料を読むのはやめて、日本に帰ればすぐに利用できるようにと、膨大な資料を分類・整理し、スーツケースに入れた。

次に、印象の強いうちにと思い、この会議で得たものは何であったか、自らの課題として何が残されたかを書き留めた。

そのあと、この間お世話になったキューバの弁護士マリアに手紙を書き、ホテルで使わなかった石鹸と一緒に、後に残る高野隆弁護士（当時埼玉弁護士会）と吉峯康博弁護士（東京弁護士会）に託した。当時、キューバでは石鹸さえ不足していたが、外国人専用ホテルは優遇されており、毎日小さな石鹸が各室内の洗面所に置かれたからである。

砂糖の国であるのにチョコレートも簡単に手に入らず、ガソリンも不足しており、それを買うための行列が見られた。

アメリカ大陸法律家会議に参加した三年前と比べても、キューバの経済情勢は悪化していた。アメリカ合衆国の経済封鎖に加えて、ソビエト連邦が崩壊し、経済的支援が得られなくなったからだといわれていた（二〇一九年四月の朝日新聞によると、ラウル・カストロ第一書記は、一九九〇年代初めの経済危機で餓死者が出た、と語っている）。

朝食を終えると、午前中だけ会議に出るためバスに乗った。各国政府の要人が集まる国際会議場は、緑の木立に囲まれ、静かで気品のある佇まいの中にあった。

この日は、大会の最終日で、午前中に国連NGO主催のシンポジウムが開かれることになっており、世界各国の人権弁護士がいまどのような攻撃を受けているか、それにどう対処するかがテーマだった。

「裁判官・弁護士の独立のためのセンター」（CIJL）の所長であるリード・ブロディ氏が基調

報告をした。

基調報告のあと、命がけでたたかう世界各国の法律家の発言を聞き終えたとき、このシンポジウムに出てよかったと思うとともに、今回の国連犯罪防止会議のフィナーレにふさわしいと思った。

急いで会場を出た。すでに一二時をまわっており、三時の飛行機に乗らなければならなかった。会議場からタクシーでホテルに戻り、車を待たせたままスーツケースを積み込み、そのまま空港に向かうことにした。

一つだけ心残りがあった。ハバナを去るにあたって、キューバ旅行社のペレア氏に会うことだった。三年前、アメリカ大陸法律家会議でハバナに滞在したとき、随分お世話になったが、今回の旅で一二日間も滞在しながら連絡がとれず、彼の姿を見つけることも出来なかった。ホテルに着き、タクシーを待たせて、スーツケースを取りにロビーに入った、その時だった。ペレア氏が私をじっと見ているのに気がついた。私たちは、ほぼ同時に気がついた。その瞬間、駆け寄り抱き合った。

「いつ来たんだ」

「これから帰国するところだ」

「残念だ。昨日、珍しく日本の客のガイドをしたので、あなたが送ってくれた写真を彼らに見せたところだ。私の日本の友人だといってね」

「そうだったのか。でも会えてよかった」

「ではまたの日に」

と、お互いに言ったものの、私がこの国を訪れる機会はもうないだろうと思った。もちろん、ペレア氏が日本にやってくることなど、キューバの国情からしてありえない。

なんと素晴らしい日だろう。飛行機が飛び立ち、キューバの地が視界から消えたあとも、よい旅ができたことを、すべてに感謝したい気持ちが消えなかった。

リード・ブロディ氏のこと

「基本原則」の成立には、リード・ブロディ氏の貢献が大きかったのではないかと思われる。前述のとおり、彼はＣＩＪＬの代表を務め、世界各国の裁判官・弁護士に対する嫌がらせと迫害について調査（一九八九年七月から一九九〇年六月）し、報告書にまとめた。

そこには、四四か国、四二八人に対する迫害事例が紹介され、そのうち六七人は殺害された事例だった。ブロディ氏は、その報告書を私に贈呈してくれた。帰国後、急いで大阪の弁護士数名と手分けして翻訳し、出版した。

私は彼が好きだった。前日、フィリピンの人権弁護士殺害について話し合ったとき、彼はこんな話をした。

「二年前、フィリピンのスリガオ弁護士が五歳になる娘の目の前で、至近距離から撃ち殺されたが、その四日前、彼とフィリピンで一緒だった。スリガオ氏は通りを歩きながらも、いつ襲撃されるかもしれないと、常に警戒の目を周囲に向けていた。そんな生命の危険が迫っていても、人権擁護の活動を止めようとしなかった。今まで多くの人に出会ったが、スリガオ氏ほど謙虚で、やさしく、思いやりのある人はいなかった」

ニューヨークの弁護士で、ジュネーブで国際人権のための活動を続けるブロディ氏の心をもっとも惹きつけたのが、アジアの一弁護士だった。

すぐれた人格は、国境を越え、すべての人の心を打つものであることを改めて思うとともに、ブロディという人物に私自身が惹きつけられた。

ブロディ氏は、キューバで出会ってから五か月後の一九九〇年一二月、日弁連の招きで来日し、坂本堤弁護士宅にも足を運んだ。

彼は、翌年一月、帰国したのち、わが国の法務大臣宛に文書を送り、CIJLは坂本弁護士拉致事件に特段の関心を持っていること、それは坂本弁護士が子どもたち、身体障害者、労働組合、宗教団体に関係した市民などの権利を守り、人権を擁護する事件に熱心に取り組んでいたからであること、この事件が仮にこれらの業務に対する報復として行われたものであるならば、この事件は対決性の強い事件を進んで受任する法律家たちを萎縮させることになり、その結果、法的援助を必要とする多数の人々が援助を受けられなくなる状態を招きかねない、と訴えた。

CIJLは、その翌年も新たに調査した事件を加えた報告書を発行したが、その中に、坂本堤弁護士一家拉致事件を、同弁護士の写真入りで掲載した。

「基本原則」の条約化の動き

「基本原則」は、条約のように、国を拘束するまでの力を持たない。それでも、弁護士攻撃をした国に対して、「基本原則」を遵守するよう求める根拠にしうるだけでも大きな意義がある。

この採択から、三〇年を経過したいま、世界の人権状況は悪化し、「基本原則」の策定を推進してきたヨーロッパの国においてさえ、弁護士への攻撃が広がっていると伝えられている。

日弁連ニュース（二〇一九年一二月一日発行）に、佐藤曉子弁護士（東京弁護士会）の「弁護士の役割保護の条例化に向けたヨーロッパの動き」と題する衝撃的な報告がある。

この報告によると、東ヨーロッパをはじめとするヨーロッパ各地でも、人権問題に取り組んでいる弁護士が、依頼者との通信内容に関する秘匿事項や守秘義務を侵害され、またハラスメント、脅迫や妨害を受け、最悪の場合には殺害されるという状況が広がっている、これに加えて、このような弁護士活動への妨害が、政府による施策などを通して組織的に行われ、蔓延している、というのである。

同報告によると、このような状況を打破するため、二〇一八年、欧州評議会閣僚委員会が、「基本原則」では弁護士の保護に十分効果的でないとし、国家を拘束する力のある条約を作る作業に入ったという。

二〇二〇年四月、国際犯罪防止・刑事司法会議が京都で開かれる予定であったが、新型コロナウイルスの感染拡大のため延期された。

この会議は日弁連にとって、「基本原則」の採択から三〇年の記念すべき会議ともなるため、会内に「二〇二〇年コングレス日本会議対応ワーキンググループ」を設置し、それを準備する国連機関の議論を傍聴し、意見書を提出し、大会当日は日弁連独自のシンポジウムの開催を企画していた。その一つとして、東澤靖弁護士（第二東京弁護士会）の「弁護士の役割基本原則の実施の拡充に向けて」（前掲同ニュース）と題する報告によると、日弁連は二〇一九年四月「基本原則」の履行強化と拡充を求める意見書を採択し、このことをすでに各国政府や弁護士会に呼びかけている。

私が三〇年前参加したときと比べて、語学のよくできる弁護士が増え、日弁連の経験も蓄積され、その取組みは大きく前進しているように思われる。

この会議をぜひ成功させてもらいたいと思う。

第13話　韓国の「民弁」と民主化の前進

「籠城」する母親たち

一九九二年一〇月、日本民主法律家協会の弁護士有志は、韓国の「民主社会のための弁護士集団」（通称「民弁」という。基本的人権の擁護と民主主義の実現に弁護士として寄与することを目的として設立された）との間でシンポジウムを企画した。

日本から十数名の弁護士と一緒に韓国を訪れた時期は、民主化の足音が確実に聞こえていたものの、いまだ盧泰愚《ノテウ》大統領の軍事政権下にあり、約一〇〇〇人の政治犯が投獄されたまま、新たに六〇人が逮捕されたところであった。

ソウルに着いた初日、政治犯として長い獄中生活を余儀なくされ、釈放されたばかりの、世界的に著名な徐《ソ》兄弟の弟俊殖《ジュンシク》さんが、私たちを「民主化実践家族運動協議会」の人たちのいるところに案内してくれた。

彼に連れられて大きなビルに入ると、フロアーの一隅に、十数名の婦人が座りこんでいた。聞くと政治犯の保釈を求めて「籠城」をしているのだという。

その中には、南韓労働者同盟の指導者で、無期懲役の判決を言い渡されるだろうといわれている労働者の母親がいた。

北朝鮮に人を派遣したとして、当局に追われ、長い逃亡生活の後に逮捕され、服役中の息子の母親がいた。

また、東京大学に在学中、一時帰国したところを逮捕され、すでに獄中生活一八年に及ぶ人の母親もいた。

この年の九月に起こった新たな弾圧で逮捕された人たちの家族もいた。その中には、出産の翌日夫が逮捕されたと訴える妻がいた。就職目前にして逮捕されたという学生の母親もいた。結婚を間近に控えていたところ逮捕された伝道師のフィアンセもいた。外出したまま帰ってこない女子大生の母親も。そして、他にも……。

新たな六〇人の逮捕者のうち、弁護士が面会できたのは二人だけであり、それ以外の人たちについては、家族らはなぜ逮捕され、いまどこにいるかさえ知らされていなかった。

その逮捕に続いて、「民主化実践家族運動協議会」事務所が家宅捜査をうけたが、捜査に必要な令状もとらず、深夜に電気ドリルでドアが破壊され、会員名簿、財政帳簿はもとより、現金四〇万ウォンまで持ち去られていた。

「協議会」は、ただちに国家安全企画部長を窃盗罪等で告訴したが、検察庁はおそらく何の捜査もしないだろうといわれていた。このような事実は、報道統制のため一般市民には知らされず、わずかにハンギョレ新聞が報道していた。

私たちを代表して梓澤和幸弁護士（東京弁護士会）が「籠城」している家族らに激励の挨拶をはじめたが、途中涙で言葉にならなくなった。

私たちに官憲の酷さを訴えた後、その挨拶を静かに聴いていた家族らは、気持ちの高ぶりを抑えられなくなり、感きわまって泣いた。

徐兄弟のこと

一度も会ったことがないのに、自分の心の奥深くに存在し、何かにつけて思い出し、その存在を意識する。そして、それを忘れることは、自分の良心を失うことを意味するように思い、しっかりと心におさめておかなければならないと思うことがある。

弟に続いて兄の勝《スン》氏が一九九〇年に釈放されるまでの長い年月、徐兄弟は私にとってそんな存在であった（弟の俊植氏は一九八八年に刑期満了後も続いていた拘禁からようやく釈放され、韓国におられた）。

もともと徐兄弟を知ったのは、『徐兄弟　獄中からの手紙』（岩波新書、一九八一年）だった。この本は私の魂を根底から揺さぶる衝撃の書であった。

徐兄弟は、言語に絶する拷問・迫害・思想転向の強要を受けながら、これに抗して人間の価値・人間の尊厳を守り抜いた。

その後、徐兄弟の母を語る『朝を見ることなく――徐兄弟の母　呉己順さんの生涯』（社会思想社、一九八一年）が出版された。短時間で読み終えられる小さな本であった。しかし、最後の頁にたどりつくまで、何度読んでは本を閉じ、また読み進んでは何度閉じたことだろう。何度天を仰ぎ、感情の高ぶるのを抑えたことであろう。

徐兄弟は言うまでもなく傑出した人物であるが、その母も本当に優れた人物であった。哲学者の古在由重氏が「あとがき」で語っているように、「世界一の母親」だと、私も思った。

これら徐兄弟に関する書物は、『長くきびしい道のり』（影書房、一九八八年）などとともに、徐兄弟の存在を世界の良心に知らせることになったが、その出版作業は徐兄弟の弟で、学者の徐《ソ》京《キョン》植《シク》氏の手によってなされた。

一九九〇年春、兄の徐勝氏が釈放され、来日されたとき、国法協関西支部の有志で「徐勝さんと語る会」の開催を企画し、打ち合わせのため、齋藤ともよ弁護士（大阪弁護士会）と京都のホテルで初めて彼と会った。

そのときから、徐勝氏との交流があった。

「民弁」とのシンポジウム

私たちは韓国訪問の初日に政治犯の家族の会を訪れ、二日目、「民弁」の約二〇人との間で、日韓両国における逮捕から起訴までの刑事手続と弁護活動について討論するため、ソウルから一台のバスに一緒に乗り込み、慶州《キョンジュ》に向かった。

「民弁」のリーダー格である千 正培《チョンジョンベ》弁護士は、英語が上手で、貴公子のような雰囲気の、やさしい方で、ビジネスロイヤーから人権弁護士に転じた異色の経歴の持ち主だった。

バスの中で彼に尋ねた。

「政治犯の弁護に奔走していて、差別をうけたり、迫害されたり、とにかく白い眼でみられたりしませんか」

「そうですね。権力者からはそのように思われていますね。しかし、私たちは人々から尊敬されているのですよ」

彼がさりげなく使った「リスペクト（尊敬）」という言葉が印象的だった。

民弁の人たちは、モラルが高く、高潔で、道義性を感じさせたが、だからこそ多くの人たちの信頼と尊敬をかちえているのだろうと思った。

その日の討論を終え、慶州で宿泊することになっていたが、私だけはどうしても先に帰国せねばならず、夜行列車でソウルに戻ることにした。会場から駅まで遠かったので、タクシーの手配をしていたところ、それに気がついた千弁護士が、すぐに若い弁護士に私を駅まで送るよう指示した。このときの彼の配慮を今も忘れない。彼は、二〇〇五年六月、盧武鉉《ノムヒョン》政権下で法務部（日本の法務省に相当する）の長官に就任した。

その後、「民弁」は、坂本弁護士一家拉致事件に関して、わが国の警察庁長官にあて、次の要請をした。

「私たちは韓国の法律実務家です。坂本弁護士の家族拉致事件に関して、私たちが深い関心を寄せていることを表すために本書面を送ります。（中略）人権と社会正義の擁護を使命とする法律家に対して加えられる暴力は、それがいかなるものであっても、単にその法律家の生命と自由を脅かすのみならず、広く市民的自由を脅かすものであると、私たちは確信しています。このことこそが、このような暴力が阻止され、蛮行を行った者が必ず処罰されなくてはならない理由であります。私たちは、貴職らが本件の真相を明らかにするために多大の努力をしてこられたことを理解しています。本件の持つ重要な意味を考えまして、貴職らが真相を解明し、犯人を逮捕することに成功する日まで、これまで同様の熱心な捜査を継続されるよう切望します」

韓国映画「弁護人」

二〇一六年一一月、「弁護人」というタイトルの韓国映画を観た。

この映画は、宇都宮健児元日弁連会長など何人かの弁護士が高く評価していたが、わが国では特別に注目されることはなかった。

しかし、韓国では、観客動員総数が公開一か月あまりで一〇〇〇万人を超え、観客動員数が歴代八位となったといわれる。娯楽やラブストーリーの映画ではなく、深刻な社会派の映画だったにもかかわらず、この観客数を記録したのは驚きであり、韓国の人々がいま何に関心を持っているかがわかるように思えた。

この映画は、一九七〇から一九八〇年代の韓国で、多くの学生、市民らが国家保安法（スパイ）容疑で不当に逮捕、拘束され、拷問される事件が多発していた恐怖の軍事政権時代を背景にしている。

主人公の弁護士は、釜山《プサン》で不動産登記や税務にかかわる仕事を専門にして成功し、韓国トップクラスの建設会社から顧問の依頼をされるまでになっていた。

ところが、貧しかった時代から行きつけの、小さなクッパ料理店の大学生の息子が公安当局に令状なしに逮捕されたまま行方不明になった。母親は息子がどこにいるのか尋ねまわったが、当局から相手にされず、息子の行方はまったくわからない。母親はとうとう主人公の弁護士に「弁護士さん助けて、頼れるのはあなただけなの」とすがりついた。

彼は、それまで刑事事件を扱ったことがなく、まして政治的事件を引き受けたことなどなかったから、受任すべきか否か、迷いに迷った。引き受ければ、これまで築きあげた経済的基盤をすべて失うおそれがあった。彼の周囲は、彼がこの事件を引き受けることにつよく反対した。

しかし、長年親しくしており、若いときに助けてもらったことのある母親の、「頼れるのはあなただけなの」という言葉が、最後に彼を突き動かした。

彼はこの事件を受任し、捜査当局の接見妨害とたたかい、ついに息子と接見できたとき、息子にひどい拷問の傷跡を見た。大学の友人たちと政治的にも思想的にもまったく問題にならない内容の読書会をしていたことが、国家保安法違反にねつ造されたことを知るに及んで、彼の正義感が燃え上がり、権力の不条理とたたかう決意を固めていく。

「こんなことが許されるのですか。やります。私が弁護を」

映画は、すさまじい拷問と強要により、息子を国家保安法に違反する反国家団体の構成員に仕立てあげ、ついに「自白」させていく過程を描く。

主人公の弁護士自らも、この拷問現場を調査中、突然現れた公安当局者らから暴行を受けるだけでなく、妻も脅迫される。大手建設会社の顧問の話は消え、市民からも攻撃を受けるようになる。

弁護士は、懸命に無実の証拠を集め、明らかに無罪の立証ができたと思えたにもかかわらず、裁判官は有罪の判決を言い渡す。

彼は、この裁判を契機に、その後、民主化運動の先頭に立ち、一九八七年彼自身が「釜山街頭集会・集示法」違反で刑事訴追され、被告人となる。

しかし、時代は少しずつ動いていた。

映画は、彼が被告人となった第一回の刑事公判廷に、彼の所属する釜山弁護士会のほとんどすべての弁護士が彼の弁護人として出頭し、法廷でその名が一人ひとり読みあげられる、感動的な場面で終わる。

この映画はフィクションでなく、全斗煥《チョンドンファン》政権（一九八〇―八八年）下で一九八一年に起こった「釜林《プリム》事件」をもとにしている。

この事件の前年、一九八〇年八月に「光州《クァンジュ》事件」（同年、全斗換国家保安司令官（のちに大統領）が二万五〇〇〇人もの韓国軍・警察隊に命じ、デモに参加した多数の市民を虐殺して鎮圧した件）が起こり、九月には金大中《キムデジュン》氏（後の大統領）に死刑判決が言い渡されている。

映画の主人公は、人権派弁護士から、ついに民主化運動のリーダーとなり、韓国大統領（在任期間二〇〇三〜二〇〇八年）になった盧武鉉《ノムヒョン》弁護士がモデルである。

盧武鉉弁護士は、このたたかいの中で、「民弁」のメンバーになった。

彼は、この事件を引き受けたことで、弁護士人生が大きく変わり、いばらの道を歩むことになったが、そのことを決して後悔せず、そこに生きがいを見出し、ついに大統領になったのだと思われる。

なお、釜山《プリム》事件は、発生から三三年後に再審で無罪が確定した。

「弁護人」に続いて、二〇一八年、韓国映画「一九八七、ある闘いの真実」が日本で公開された。映画は、全斗煥政権時代に、ソウルの学生が取り調べ中に死亡した事件をテーマにしている。事件は、捜査当局が拷問致死を隠蔽するため学生の亡骸を火葬しようとしたところ、新聞記者、看守らが真実を公表し、大学生が立ち上がり、全土で民主化闘争が展開された、というものである。

朝日新聞「天声人語」（二〇一八年一〇月一日付）は、その当時、韓国が今日のような民主国家になると思う人はいなかった、と書いている。

軍事独裁政権とたたかい、民主主義を勝ち取ってきた韓国の民衆の力は、その後、力強く、ダイナミックな展開をみせている。

わが国を凌ぐ民主化の動き

私たちが「民弁」との間で、前述のシンポジウムをおこなった一九九二年一〇月当時、日弁連は、刑事裁判の改革に初めて組織を挙げて立ち上がり、その意気は上がっていた。

一九八〇年代に、免田、財田川、松山、島田事件と相次いで死刑再審無罪判決が出されていたことがその背景にあった。一九八九年九月、松江市で開かれた日弁連人権擁護大会のシンポジウムは、刑事裁判をいまこそ改革しようと、熱気に溢れていた。

シンポジウムの翌日の大会では、日弁連が刑事弁護の充実強化に組織を挙げて取り組むこと、個々の弁護士も充実した弁護活動を行うことの決議を高らかに宣言した。

翌一九九〇年四月、刑事弁護強化のための「刑事弁護センター」が日弁連内に異例の早さで設置されると、たちまち全国すべての弁護士会にも同様の組織が出来上がった。

センターは、まず当番弁護士制度を確立したうえ、資力がないため弁護人を依頼できない被疑者にも公的な費用で弁護人をつけられる被疑者国選弁護制度の実現を目指した。

当番弁護士制度とは、この制度が実現するまで、被疑者や家族から依頼があれば、すぐに弁護士が面会し、法的支援をする制度であり、その弁護費用は弁護士会が負担するものであった。

同年九月に大分県弁護士会が、同年一二月に福岡県弁護士会がそれぞれ「当番弁護士制度」を実施した。そして、「民弁」とのシンポジウムが開催された一九九二年一〇月時点では、全弁護士会が実施する体制を整えたところであった。

韓国側の参加者は、私たちの報告に刺激を受けたと思われ、その後、韓国でも当番弁護士制度のような制度ができたと知らされた。

前述の日韓シンポジウムから今日まで二〇年以上が経過したが、この間の人権の伸張・司法の民主化は、韓国の方が目覚ましいといえるかもしれない。

たとえば、わが国はいまだに国連人権機関への個人通報制度を持たない。この制度は、国際人権条約で保障された権利を侵害された者が、国内の裁判などの救済手続を尽くしても権利が回復されない場合に、国際条約機関に直接救済の申し立てができる制度であり、自国では救われなくても、国際機関によって救済されることがある。韓国ではすでにこの制度ができており、人権擁護の活動が前進していると報告されている。

また、わが国は、人権の保障と促進のために、政府から独立して職務を行う国内人権機関を持たない。韓国は、すでにこの制度を創設し、紆余曲折はあっても実績を積み重ねており、二〇一七年の年次報告書では「すべての人が豊かに人間らしく生きる「世界」を実施する見通しを持って、委員会は、現在、新たな時代のために変化と改革の中心にいる」と報告されている。

日弁連がいま取組み目標にしている、被疑者らの取り調べに弁護人が立ち会う権利についても、韓国ではすでに実現している。

「裁判の公開」も、韓国はわが国より前進しているといえるかもしれない。韓国では、二〇一七年八月、大審院（わが国の最高裁）が公共性に適うと判断したときは、法廷のテレビ中継がなされることを定め、朴槿恵《パククネ》前大統領が被告人となった刑事裁判の一審判決の言い渡しは、テレビ中継されたという。

日本の司法を「ガラパゴス化」と批判している木佐茂男九州大学・北海道大学名誉教授は、二〇一九年一二月、日本民主法律家主催のシンポジウムで、韓国の司法の民主化の一例として、次の発言をしている。

「韓国と台湾の裁判所では、特に一九八〇年代の民主化以来、猛烈なスピードで国民のための司法が進んでいます。

韓国では、全裁判官が日本でいう法曹一元の裁判官になりました。最初は、五年の弁護士経験が（裁判官になる）条件でしたが、いまはもう一〇年の経験を必要とすることになっています。従って、韓国の裁判官は全員弁護士経験を五年から一〇年以上持っています」（「法と民主主義二〇一九年一二月・五四四号）

このように近年の韓国の民主化の前進には目を見張るものがある。しかし、その裏には長く続いた軍事独裁政権の歴史が横たわっている。民主化を求めて、圧制や暴力に耐え、自ら行動をした法律家や民衆の熱意こそが、今なお韓国の民主化を推し進めているように思えてならない。

第14話　受難が続く中国の人権派弁護士

中国人民大学でのシンポジウム

衝撃的な事件が発生したのは、三一年前の一九八九年六月のことだった。民主化を求めて天安門広場に集結した学生たちが、軍に弾圧され、多くの死傷者を出した。当局は死者を三一九人と発表したが、実際の犠牲者ははるかに多かったといわれている。衛星放送を通じて全世界に伝えられた、前進してくる装甲車両の前に立ちはだかる一学生の姿が忘れられない。その後どうなったのか。

この天安門事件から三年後の一九九二年四月、立命館大学の肝いりで、中国人民大学法学院の学者二五人と私たち日本から参加した一三人の学者・弁護士との間で、「法律家の社会的役割」と題するシンポジウムが北京で開催された。

中国側の学者は、法制度の立案にかかわっている要職の人たちだと紹介された。

このシンポジウムにかける彼らの熱意は相当なものであり、できるだけわが国の法制度から学ぼうとしているようだった。

中国側の報告は、「香港・マカオ基本法制定と法律家の役割」(香港は一九九七年に、マカオは一九九九年に、それぞれ中国返還が決まっていたから取り上げられたのであろう)、「中国の弁護士業務とその役割」、「中国刑法の創設と完全化と法律家の役割」であった。

日本側の報告は、「日中経済関係の発展と法律家の役割」、「民間の戦争被害者補償請求と法律家の役割」、「住民運動と法律家の役割」だった。

私は、「住民運動と法律家の役割」について、わが国の環境・公害裁判で果たした法律家の献身的な活動と住民運動の重要性を中心に報告した。

このシンポジウムでは、私たちは口頭報告だけで、報告原稿の提出までは求められていなかった。ところが、シンポジウムが終了すると、中国側からすぐに報告を文章化するよう求められた。後日、これが同大学の研究雑誌に巻頭論文として掲載され、私たちに届けられた。中国語になった自分の文章を見るのは、妙な気分だったが、嬉しく、その厚意に感謝した。

北京滞在の間、社会科学院法学研究所の研究者との間で、人権問題、投資問題などについての意見交換の機会もあった。

しかし、法の機能や原理が本質的に異なり、裁判所も共産党の指導下にある中国とわが国とでは、法律家の役割についての議論を深めることは困難であった。

私たちが提起した「司法の独立」の重要性についての議論も、中国側は避けたように感じられた。

ただ、この交流を企画した畑中和夫立命館大学教授が、中国においても民意を反映する政治システムを構築すること、人権保障の制度的担保の重要性などを強調したのに対して、中国側はよく話を聴いており、不快感をまったく示さなかった。

それは、同教授に対する中国側の厚い信頼によるものだと思われた。私は、国際交流において信頼関係を構築することの重要性を改めて感じた。

民主化に逆行する動き

中国は、一九九八年一〇月、国連の市民的及び政治的権利に関する国際規約(B規約)に署名した。

同規約は、加盟国はそこで定められた権利が人間の固有の尊厳及び平等かつ奪い得ない権利と認め、人権及び自由の普遍的な尊重及び助長すべき義務を負う、と定めている。

具体的には、「何人も拷問または残虐な、非人道的な若しくは品位を傷つける取扱い若しくは刑罰を受けない」「何人も恣意的に逮捕され又は拘留されない」「すべての者は、独立の、かつ、公平な裁判所による公開審理を受ける権利を有する」ことなどである。

中国がこれに署名したことは、民主化にとって大きな前進であると思われた。

しかし、その後、同規約は定着するどころか、逆に中国政府は、二〇一三年春、全国の大学に、人権などの普遍的価値を教えることを禁じる通達を発したと報じられた。

さらに、二〇一四年頃から中国政府当局による人権派弁護士に対する攻撃が目立つようになった。

国連で採択された「弁護士の役割に関する基本原則」は、政府が弁護士を保護すべきことを定めるが、中国政府は、人権派弁護士を逮捕・拘束し、集団暴行し、弁護士資格を剥奪するなど、「基本原則」に真っ向から反する行動をとるようになった。その弾圧は、人権派弁護士らが①官僚の財産公開を求めたり、②裁判官を批判したり、③被疑者、被告人との接見拒否に対し、当局に抗議したり、④当局に冤罪を訴えたり、⑤天安門事件関連の集会に参加したからだと報じられている。

「一斉拘束事件」等の発生

二〇一五年七月、三〇〇人を超える人権活動家や弁護士らが当局に一斉に連行され、このうち二四人が逮捕・拘束された事件、いわゆる「一斉拘束事件」が起こった。

報道によると、「一斉連行」されたのは、消費者被害や冤罪事件などで困窮する市民に手を差しのべ、権利擁護に奔走してきた人たちである。

このとき拘束された一人の弁護士は、自分の家族から「危ないから事件を引き受けないでほしい」と頼まれても、「それでは依頼者を弁護する人がいなくなってしまう」と答えて活動を続けていたという。また、別の弁護士は、「私はとても小さな一人ではあるけれど、人権のために働くことで、私なりの役割を発揮できる。」と語っていたというが、逮捕され、彼と面会した同僚の弁護士によると、取調べは、四〇時間以上休みなしで行われ、その後は連日二〇時間休みなしとなり、睡眠時間は一日約二時間だったという。取調官に足が宙に浮く状態で椅子に座らされ、下半身は腫れてマヒ状態になり、取調室にカメラがあり、そのカメラの死角で殴る蹴るの暴行を受け、さらに「狂うまで苦しめてやる。外に出て再び弁護士ができるなんて思うなよ。お前は今後、ただの廃人だ」と脅迫され、いわば「生き地獄」に追いこまれて、「自白」したといわれる。

この「一斉連行事件」で身柄拘束された人たちのうち一六人に、国家政権転覆罪などの容疑がかけられ、二〇一六年七月、このうち四人が拘束されたまま起訴された。

この四人の家族らは弁護人を頼もうとしても妨害され、拘束された本人は家族や弁護人とも接見ができず、逆に当局寄りの弁護人を一方的に押し付けられたり、「支援の人たちとの関係を断ち切れ」と要求されたり、「弁護士資格を取り上げる」と脅されたりしたことも報告されている。

同年八月、この四人は、国家政権転覆罪で有罪判決を言い渡された。判決は、同人らが、ある裁判の冤罪を訴え、公正な裁判を求めて『人民には司法を監督する権利がある』と書いた幕を裁判所前で掲げるなどした行為が、政府を敵視するよう世論をあおったりして、政権を転覆させようとしたことに該当する、とした。

この間、被告人らは拘束されたままで、家族は裁判傍聴さえ妨害され、彼らの子どもたちは入学手続さえも妨害されたという。

二〇一七年一月、四人のうち一人が釈放されたが、その弁護士は自宅に戻った際、怖がって家の中に入ろうとせず、家の中でも身を隠し、「危ない」などと被害妄想的な言葉を口にしたり、家族に暴力をふるったりしていると報じられた。

同年七月、当局の攻撃手法が、直接的暴力から弁護士資格を剥奪したり、弁護士登録を抹消したりして、弁護士の業務そのものを出来なくさせる陰険な攻撃に転じたと報じられたが、それが事実だとすれば、国内外からの批判をしにくくするためであろうか。

二〇一九年一月、「一斉拘束事件」で家族や弁護人とも面会できず、裁判さえ始まっていなかった、ただ一人の弁護士である王全璋氏の第一回公判があった。

彼は、強制立ち退きを迫られた農民や、中国当局が邪教とする気功集団「法輪功」のメンバーの弁護活動をしていたといわれるが、裁判は非公開で、妻は自宅に軟禁状態で、傍聴も認められず、すぐに実刑判決が言渡されたと報道された。

ドイツのメルケル首相、イギリスのハント外相は、訪中時に彼の妻に面会して激励し、スウェーデンの財団は、彼の妻に人権賞を授与したと報じられたが、わが政府にこのような動きはない。

王全璋氏は二〇二〇年四月五日出所したが、いまだ（本書執筆中の四月一〇日時点）家族に所在が知らされていないと報じられている。

普遍的原理は国境を越える

国連の拷問禁止委員会は、中国政府に対し、「弁護士の役割に関する基本原則」に依拠して、弁護士への職務への制裁や妨害を止めるように勧告したといわれる。

日弁連会長は、二〇一五年七月、「中国の一斉連行を憂慮し、弁護士の職務活動の保障等を求める会長声明」を発表し、その中で「『弁護士の役割に関する基本原則』に照らし、弁護士の職務活動及び表現の自由が保障されるべきであり、これに対する不当な制約がなされてはならないことを強く訴え」た。

中国の弁護士全国組織は、政府当局の意のままに動き、人権派弁護士を当局の攻撃から守ろうとしていないといわれているが、これは戦前のわが国の弁護士会と酷似している。

二〇一九年二月一日、朝日新聞社説は、「中国の司法・弁護士の権利を守れ」と題して、「公正な司法が社会秩序の土台にあるべきだ。弁護士の権利さえ守れないようならば、司法のシステムが機能を失い、国の統治も不全に陥る。そんな事態は、共産党を含めだれも望んでいないはずだ」と強く主張した。

杉野修平弁護士（第一東京弁護士会）は、「中国の現状は、日本がかつて歩んできた時代を彷彿とさせる」とし、「このような状況について、我々日本の弁護士はどう対応すべきか深刻に考えるべきである。（中国が）国の統治システムを改めることなど提言の余地のないことであろうが、基本的人権を擁護し、社会正義を実現することを使命とする我々は、中国の弁護士を同業と考えるのであれば、彼等に支援の手を差しのべることはできないものか。中国で何らかの容疑で身柄を拘束された日本人に対し、有効な弁護活動はできないものかと考える」と、問題提起している（「我々は何ができるのか」（日中法律家交流協会報第六一号・二〇一九年三月一五日）。

こんな論考が、もっと数多く出てきてほしいと思う。

日弁連は、前述の日弁連会長声明を一回限りで終わらせてはならず、中国政府、日本政府、国連人権機関に働きかけるだけでなく、国際会議や国際交流の機会においても、繰り返し、「弁護士の役割に関する基本原則」を遵守するように訴え続けてほしい。さらに、国連人権機関、国際NGOなどとの連携を強化し、情報収集し、少なくともわが国の全弁護士に実情を伝えてほしいと思う。

他方で、中国における人権分野での積極的な動きは、たとえそれが小さな改善に見えても注目したい。

何林北京師範大学助手（発表時）の論考によると、弁護士の接見交通権は弁護士が業務をする際のもっとも基本的権利であるとの立場から、二〇一二年の中国の刑事訴訟法改正では、被告人との秘密接見交通権が認められ（ただし、残念なことに、国家の安全を害する犯罪などは除かれている）、弁護士は定められた書面を持参すれば、ただちに接見できるようになったという。当面の改革目標は、すべての刑事事件において弁護士の接見を確保すること、また、現状では看守所の設備が立ち遅れ、接見室が足りず、多くの弁護士はときに朝五時前に看守所の入口で並び、待ち時間も四～六時間になっているので、接見室の増加を求め、週末や祝日においても接見できるように運用を改めさせることであり、その具体的取り組みの一つとして、アンケート調査を実施したところ、各地の弁護士会の中にはこれに協力するところも出ており、中国の司法は徐々に改善されつつあると報告している（前掲・日中法律家交流協会報）。

司法の重要性

中国の人権派弁護士に対する弾圧は、弁護士の役割の重要性、ひいては、司法の重要性を改めて教えてくれるものである。

二〇一九年六月、香港において「容疑者を中国本土に移送できる条例案」に反対する大規模な抗議行動がはじまり、今も続いている。

これは、香港の人たちの多くが、中国本土の司法制度とその運用に信頼を置いていないことによる。香港の人たちは、中国本土の人たちとちがい、行政、立法から独立した司法制度を経験してきているだけに、司法の重要性を認識しており、それが軽視されることを本土の人たち以上におそれているのであろう。

残念なことに、二〇二〇年に入って、中国本土でさらに新たな弾圧がなされたようである。

朝日新聞（二〇二〇・一・五）は、「中国当局が昨年一二月下旬以降、人権派の弁護士や活動家ら十数人を、国家政権転覆の疑いなどで、連行したり、拘束したりしていたことがわかった」「人権派弁護士で、憲法で保障された権利を求める『新公民運動』の中心メンバーだった丁家喜氏を拘束」した、と報じている。

人権派弁護士らの受難はいまも続いている。

それにしても、ひたすら金銭を追い求める社会の中にあって、それを度外視し、命がけで正義を実現しようとする人権派弁護士の活動には頭が下がる。

報道写真にみる人権派弁護士の顔を、私はいつも美しいと思う。

第15話　忘れない　坂本堤弁護士一家殺害事件

事件の発生

事件は、一九八九年一一月四日未明、発生した。

横浜弁護士会（現在は神奈川県弁護士会）の坂本堤弁護士が、同市磯子区洋光台にある自宅アパートから、妻都子さん、一歳三か月の長男龍彦君と一緒に、何者かによって連れ去られた。

坂本弁護士は、横浜法律事務所のメンバーの一人で、弁護士登録をして三年目に入っていた。同事務所には、すぐれた弁護士たちが所属しており、一九八〇年代中頃から、とくに労働裁判の領域で、神奈川県下にとどまらず全国的にも大きな影響を及ぼす活動を展開していた。

裁判所が労働者の権利救済に冷淡になっていくなかで、同事務所は個々の裁判や事件を、当事者の労働者・労働組合と担当弁護士だけの取り組みにせず、広範な労働者・弁護士・市民の運動にして解決しようとし、さらに、労働委員会制度の運用の改革、裁判民主化運動などでも成果をあげていた。

私にとって、総評弁護団（現在は日本労働弁護団）の全国総会における神奈川の弁護士の報告は、いつも迫力があり、情熱があり、刺激的で、教えられた。

大阪の私たちも神奈川から学ぼうと、一九八八年から大阪と神奈川の弁護士間で定期的な交流がはじまり、私も招かれて横浜で講演するなどした。その神奈川の運動の中心が横浜法律事務所の弁護士たちだったと思う。

この事件がなければ、いずれ若い坂本弁護士にお目にかかったことであろう。

坂本弁護士と同じ事務所の先輩の伊藤幹郎弁護士から、坂本弁護士一家の行方不明を知らされたのは、事件の直後だった。

「他に口外しないでほしいが……」と話す伊藤弁護士の声は沈痛だった。

横浜法律事務所は、坂本弁護士にも家族にも失踪する動機がなく、個人的に恨みをかう事情もないとして、当初からオウム真理教による事件との疑いをもっていた。

この頃坂本弁護士は、オウム真理教の出家信者の親から相談を受けていた。坂本弁護士は教祖の血を飲む儀式の効果や空中浮遊などの宣伝を批判し、教団から子どもを親の元に取り戻すため、オウム真理教被害対策弁護団を結成し、教団を直接相手に、出家した信者との面会を求めていた。

その精力的な活動が次第にマスコミにも報じられるようになると、教団から坂本弁護士に対する嫌がらせ、攻撃がはじまった。

坂本弁護士は教団に対し、事件発生の三日前、「信者と家族との電話連絡くらいは自由にさせてもらいたい」と要求した。これに対して、教団幹部は「それならば信者の子どもを使って親を訴える裁判を起こす」「我々には信教の自由がある」などと言って、要求を拒絶した。坂本弁護士は「人を不幸にする信教の自由など許されない」と激しく反論し、物別れに終わったといわれる。

警察は、本件発生後間もなく「事件性五分五分」と発表した。

横浜法律事務所は、「事件性五分五分」の警察発表では、この事件をただの行方不明事件として扱うことになりかねないとして、その二時間後に記者会見をし、声明を出した。

「この事件は一体何なのか。暴力による人権と民主主義に対する挑戦なのだ。しかも本当の被害者は弁護士じゃない。権力、大企業、暴力、宗教といった強力な相手とたたかう市民を、法律を武器にしてサポートする弁護士がいなくなったらどうなるのか。たいがいの被害者は一人で素手ではたたかえない。この事件は、解決の仕方によっては本当の被害者は市民ということになる」

実際、坂本弁護士一家拉致事件は単なる行方不明事件などではなく、オウム真理教の関与が十分疑われるものだった。日弁連の事実調査報告書（一九九〇年九月二一日理事会承認）によっても、坂本弁護士の自宅の壁には畳から三〇センチメートル位の高さに血痕状の跡があったり、襖の前の畳のへりにオウム真理教のバッジが落ちているなど、数々の異常な状況があったとする。

当時の国内状況

横浜法律事務所、神奈川の弁護士、坂本弁護士と同期の全国の弁護士らの立ち上がりは早く、事件発生から二週間後には「坂本弁護士と家族を救う全国弁護士の会」（略称「救う会」）が結成され、精力的な救出活動がはじまった。

日弁連、横浜弁護士会はもとより、全国各地の弁護士会の対応も早かった。

この事件を放置すれば、正義も人権もなくなってしまうという危機感が全国の弁護士の中に急速に浸透した。

その背景には、この事件発生前から、弁護士の業務活動に対するさまざまな攻撃、嫌がらせが、全国的に頻発していたことがあった。

日弁連は、この事件の半年前、全弁護士に向けて過去五年間の業務妨害についてアンケート調査をおこなった。妨害事例の数は三四五件にのぼり、その多くは暴力団や右翼によるものであった。法律事務所にペンキをかけられた事例、弁護士の自宅玄関に三〇余の鶏頭がばらまかれたり、犬の生首が置かれた事例、弁護士の自宅のガラスが割られ、発煙筒が投げ込まれた事例、「〇〇は悪徳弁護士だ」と叫び続ける街頭宣伝車に自宅や近所付近を走り回られた事例、住民側弁護士が暴力団から背中をナイフで刺されて重傷を負った事例などがあった。

また、悪質な「霊感商法」による被害者救済に立ち上がった弁護士らは、脅迫電話をされたり、その弁護士の名前を使って勝手に寿司屋に何十人分もの鮨を注文されたり、家族に死者も出ていないのに葬儀車が自宅にきたり、子どもが大怪我をしたとのニセ電話をかけられたりするなど、執拗で悪質な事例を報告していた。

日弁連は、坂本弁護士事件発生から六か月後の一九九〇年五月、定期総会において「弁護士業務妨害に関する決議」を採択し、暴力的手段による弁護士活動の妨害は、司法制度ないし法秩序への挑戦であり、一致団結してこれとたたかうとの決意を表明するとともに、政府ならびに関係諸機関に坂本弁護士一家の救出に総力をあげるよう強く要請した。

私は、この総会で、第9話のアジア太平洋法律家会議で知ったフィリピン弁護士に対する攻撃事例などとの共通性をふまえ、決議に賛成意見を述べた。

当時の国際状況

同年七月、私が第12話にあるとおり日弁連会長からキューバで開催の国連犯罪防止会議に参加を求められたのは、坂本弁護士一家拉致事件が発生してから一〇か月後のことであった。

もし、この事件が発生しなかったならば、私がキューバに行くことはなかった。

この頃、フィリピンをはじめとして、国際的にも弁護士業務妨害事件が目立って増えていた。

私がキューバで、リード・ブロディＣＩＪＬ（「裁判官・弁護士の独立のためのセンター」）事務局長から贈呈された、同センターの年次報告書（一九八九年七月～一九九〇年六月）によると、業務ゆえに報復を受けた弁護士や裁判官は一年間に四四か国で四二八人にのぼり、うち六七人が殺され、一六五人が当局に拘束されていた（なお、このリストからは、信念により、あるいは政治的、民族的、言語的、宗教的な集団のメンバーであることにより迫害された法律家は除かれ、記載された事例は業務としてかかわったものに限られている）。

業務妨害が発生しているのは国情が不安定な国ばかりでなく、先進国にも多くの事例があり、それらに共通しているのは、人権を守ろうとする弁護士・裁判官たちに向けられていること、その攻撃は政府によってもなされていることだった。

その報告書の序文で、P・N・パグワティ前インド最高裁裁判官で、CIJL諮問委員会委員長は、「この年次報告書が示すとおり、多くの政府は、司法が政府の不法を阻止しようとすると、司法への侵害を平気で行っている。あまりにも多くの国で、弁護士がその職業的な責務を果たそうとするとき、自らの自由、自らの命を危険にさらすことになっている」「国連は、司法の独立が侵害されている状況、あるいは裁判官と弁護士が攻撃を受けている状況についての報告を行う機関を設置すること、あらゆる地域の弁護士団体は迫害を受けている自分たちの仲間を守るために、より積極的になること」を訴えていた。

「生きて帰れ！」各地で市民集会

全国の「救う会」の弁護士が中心となって、坂本弁護士救出のため、全国的な取り組みを展開しているなか、私はささやかであってもこれを側面から支援しようと考えた。

事件発生からちょうど一年を迎える時期に合わせて、大阪の弁護士有志と前記ＣＩＧＬの年次報告書を翻訳し、「世界の弁護士はいま――裁判官と弁護士への嫌がらせと迫害」と題して出版した。中坊日弁連会長が序文で述べた。

「坂本堤弁護士が、何者かによって家族ごと拉致されてから、早や一年が経過しようとしている。一刻も早く、同弁護士を救出したいという私の願いは日を追ってますます強くなっており、そのことは片時も私の頭の中から離れることがない。

私は、弁護士をはじめ多くの市民が本報告書をお読みいただき、人権と自由のために弁護士の役割がいかに重要かをご理解いただき、坂本弁護士一家の救出のためにお力添えをくださることを心からお願いする次第である」

この頃、全国各地で坂本弁護士一家救出のための集会が開かれた。福岡県弁護士会主催の「生きて帰れ！坂本弁護士問題を考える福岡市民集会」では、私に講演の機会が与えられ、国連で採択された「弁護士の役割に関する基本原則」とＣＩＧＬの報告書をもとに訴えた。

「人権擁護は一直線に前進してきたのではなく、反対勢力とのせめぎあいの中で、紆余曲折しながら進み、その中で犠牲者が生まれる。今日の世界は、人権を求める多くの人々の要求がうねりになって現われている時代であり、多数の犠牲者が生じている。

わが国は、高度に発達した社会であるがゆえに、人権侵害が複雑、巧妙で、多面的な形で現れ、たちまちのうちに被害が全国に広がるところに特徴がある。

『基本原則』は、すべての人の権利、自由を保護・確立するために、すべての人が弁護士にアクセスできる権利があり、そのうえで自ら選任した弁護士の援助を受ける権利を保障しており、政府はそのような弁護士を保護する義務があることを定めている。

坂本一家拉致事件は、おそらく弁護士の業務そのものに攻撃の矛先がむけられたものであり、今なすべきことは、この攻撃に対して立ち上がることである。それは、このような集会への参加、ビラまき活動、いろんな場所での訴え、情報を得るための活動などである。

坂本一家救出は、そのことにとどまらず、私たち弁護士の人権のみならず、すべての人の人権を守ることになる。この事件を契機にして、自由と人権の重要性についても国民のみなさまに広く知ってほしい」

母・坂本さちよさんのこと

翌一九九一年一一月、近畿弁護士会連合会は、奈良で開催した定期大会に、坂本弁護士の母さちよさんを来賓としてお招きした。

さちよさんは深い悲しみをこらえながらも、静かに落ちついて語っておられたような印象を受けたが、一九九二年四月刊行の「ヒューマン・リポート横浜弁護士一家拉致事件」（江川紹子著、新日本出版社）の、さちよさんの「あなたへ」と題する一文の中では、「各地で開かれた集会に私もできる限り出席した。大勢の前で話すなんて、生まれて初めてのこと。声も膝も震え、無我夢中で訴えた」と書いておられた。

おそらくこのときも必死で訴えられたのであろう。

大会終了後、私は近弁連担当理事として、さちよさんを奈良公園内にあるホテルまで案内し、しばらく会話した。

さちよさんは、万葉集の勉強をしておられ、年に二度、グループで万葉ゆかりの地を訪ねておられた。この事件の直前にも春日大社の近くで宿泊したということだった。息子らの救出のために近弁連大会に招かれて、奈良の地に来るなど思ってもいなかったことであろう。その目的が万葉の旅ならば、どんなによかったことか。

前述の「あなたへ」の最後に、さちよさんの孫である龍彦ちゃんへの思いを込めた詩がある。

「龍ぼう
あなたももう三歳
階段だって、しっかり昇れるね
お話も上手にできるでしょう
だったら教えて
今どこにいるの
大きな声で叫んでちょうだい
「おばあちゃん」って

いつでもお迎えに行く支度はできているから
君のその姿を見たくて
君のその声を聞きたくて
おばあちゃんは今、一生懸命です
早く帰っておいで　龍ぼう
早く帰ってきて　堤　都子さん
そして　早く帰してください　あなた」

さちよさんの心の中には、息子の活動のために妻の都子さんを巻き込んでしまったという思い、都子さんのご両親への申し訳なさなどもあったのではなかろうか。その悲しみはいかばかりだったことか。

都子さんは、さちよさんにとって本当によくできた、かわいい嫁であったと思われる。

一九九〇年一二月に発行された『手紙・日記「仔山羊の歌をもういちど」』（勁文社）の中にこんな文章がある。

「坂本夫婦の共通の友人、主婦谷口真弓の証言。

「二人の結婚式での都子さんのスピーチは印象的でした。『こうして普通の結婚式が挙げられることは大変幸せなことだと思う。世界中で大勢の人が貧困や飢餓で困っているのだから……。』

当たり前のことのように思えてしまう人間の幸せ。都子さんは、堤さんとの結婚の喜びをしっかりとかみしめているようだった。

都子さんは一見、おっとりしたタイプに見えるけれど、坂本さんをしっかりと包容する人間性を持っている。二人は、本当に似合いの夫婦のような気がします」

このあとに続いて、さちよさんが都子さんについて語っている。

「いつも、私（さちよさん）の（書道）作品展には主人も息子も来てくれません。都子さんだけが見に来てくれます。」「この事件の直前、私が奈良に出かける前に『おかあさん、少ないけどお小遣い』といって渡してくれました」

さちよさんは、この本を「感謝をこめて」の言葉を添えて、私に贈送してくれた。

坂本弁護士の人間像

事件から二年が経過した頃、私は、坂本弁護士の地元横浜で日弁連、横浜弁護士会が主催した「生きて帰れ!!坂本弁護士！」のパネルディスカッションに、パネリストの一人として参加した。

このとき坂本一家の救出を目指す懸賞金広告の結果が報告された。六〇〇件近い情報が寄せられ、救出の中心にいる弁護士らは、そのうち数十件について丹念に調査をするため、東北から九州にまで赴いた。しかし、手がかりはまったく見出せなかった。

パネリストの一人、松橋忠光元警視監は、捜査本部がいまだに「坂本弁護士一家失踪事件」の看板をかかげ、「失踪」扱いしていることを批判し、犯罪として取り組むべきだと語った。また、今までに延べ七万人の捜査員が従事し、四万人の取調べに当たったという発表がなされているにもかかわらず、全く成果がないことに遺憾の意を表明した。

私は、国際的状況をふまえ、坂本一家拉致事件は弁護士という職業にむけられたもので弁護士の原点を問うものであり、この事件を風化させるかどうかは一人ひとりの弁護士が自らの問題と捉えるかどうかにかかっている、と訴えた。

「救う会」は、手がかりがないまま事件発生から五年目に入った一九九四年、事件の風化を防止し、解決の気運を全国に広げ、救出につながる情報を集めるため、各地で全国キャラバンを決定した。

「救う会」本部は、「大阪救う会」（井奥圭介事務局長・大阪弁護士会）に、少なくとも参加者三〇〇人以上の規模の集会を、同年一〇月大阪市内で行うよう要請した。

これまで大阪で開かれた集会のなかで、参加者が最も多かったのは、事件発生後間もないときの緊急集会であった。その集会でも二〇〇人に達していなかったから、事件発生後五年が経過して、目標の三〇〇人を集めるのは容易ではなかった。

集会は「救う会」と大阪弁護士会の共催で開かれたが、企画の一つとして、坂本弁護士の母さちよさん、芸能人の上沼恵美子さんと私の鼎談があった。

上沼さんは、この出演依頼に対し、「ぜひ出たい」と快諾したといわれ、本番では、笑いをとることなく、さちよさんを終始激励しておられたのが印象的だった。

上沼さんは、さちよさんに「息子さんはどういうお人柄の方ですか」と尋ね、さちよさんが答えた。

「人柄と一口にはとても難しいんですけれども、小さなときから非常に明るい、朗らかな、周りを明るくするような性格を持っている子供ですが、例えば、五歳にまだならなかった三歳か四歳ぐらいのことですけれども、遊びに出かけるときですね、私が仕事をしておりますと「お母さん、行ってきます」と言って出ていくんですけど、そのときに自分の訪ねる友達の名前をきちんと言って、「だれだれ君のところへ行ってくるよ」と言って出かけます。で、行った先に友達がいないと、もう一度家に帰ってきて、「お母さん、だれだれ君いなかったから、今度は何君のところへ行ってくるよ」と言ってまた家から出ていきます。その子がまたいなかった場合は、また私に報告して次の子のところへいく。そういう妙なところがございまして、行った先から次の友達のところへ行けばよいと思うのですが……」

上沼さんは、続けて「母親から見て息子さんはどんな弁護士をめざしていましたか」と尋ね、さちよさんが答えた。

「司法試験に受かって弁護士として出発するときに、私に本人から直接話してきたことがあります。それは『これから自分は心身障害者、それから身体障害者、青少年問題、そういったことをメインに、目的として仕事を始めたい。働く人たちが楽しく明るい世の中がつくれるように、そういった手助けをする弁護士になる。だから収入面とかそういうものは期待してくれるな。お母さんたちに小遣いもたぶんあげられないと思うから、それだけは覚悟してくれ』と、そういうことを言ったので、こういうことでいろんな仕事の関係を耳にしますと、やはり目的に向かって仕事をしていた、ということは私も聞き及んでおります」

集会参加者が七五〇人にのぼったのは、坂本弁護士の同期弁護士などの懸命の努力、浜村淳氏、純名里沙氏、上沼恵美子氏、大谷昭宏氏ら著名な方々の協力出演によるところが大きかったと思う。

さちよさんの最後の訴えは、参加者の心をゆさぶるものであった。

「孫の龍彦は、一歳二か月で私の前から姿を消しましたが、この八月の二五日で満六歳を迎えました。この月の一五日には、小学校入学の就学通知というのが発送されるそうです。私はことしの四月から、新入生のかわいいランドセルをしょった子供さんたちの姿を見たときに龍彦の入学のことを考えてきました。両親のもとから無事に入学させてあげたい。そんな思いで毎日を過ごしてきました。一〇月が来たらいやだなと、私が手続するのはいやだなと思ってきました。でも、その日が迫ってまいりました。何とかして来年は、お父さんとお母さんに送られて一年生の入学式をやってあげたい、そんな思いでおります。ぜひそうしたいです」

残酷すぎる結末

多くの弁護士、市民による懸命の救出活動にもかかわらず、一九九五年九月、坂本堤一家三人の遺体が別々に、新潟、富山、長野の山中で発見された。

教祖麻原彰晃に直接殺害を命ぜられた五人の実行犯は、家族三人全員を惨殺していた。郁子さんは抵抗に絶望しつつ、息子の生命だけは奪わないように命乞いをしたという。死後さえも三人の遺体を別々にして、遠く離れた山中に埋めた残忍さ、残酷さには言葉もない。

「横浜アリーナ」で行われた一家の合同葬は、参列者が大会場に入りきれず、路上に並んだ人たちの長い、長い列が続いた。約二万六〇〇〇人の参列者と報じられた。

さちよさんは、最後のあいさつに立ち、「きっと坂本堤もこのような場所で、このような葬儀を行っていただいたことを、はがゆい思いでいると思います」と語ったが、その無念さは言葉で言い尽くせるものではない。

遺体発見から二三年後の二〇一八年七月、麻原彰光死刑囚ら七人の死刑が執行され、さちよさんのコメントが報じられた。

「(前略)事件が起きてから今まで、長い時間だったなあと思います。堤、都子さん、龍彦には『終わったね。安らかにね』と言ってあげたいです。息子たちの救出活動に尽力してくれた方々、救出活動の訴えに長い間協力してくださったマスコミの方々には本当に感謝しております。ただ、今は、体調のこともあり、皆さまに直接お話しすることができないことをご理解いただけたらと願っております。長い間、本当にありがとうございました」

「救う会」は、坂本一家三人の遺体が発見された新潟、富山、長野の山中に、それぞれにメモリアルの慰霊碑を建立し、毎年九月には献花をし、一家の冥福を祈る活動を続けている。

「救う会」の影山秀人弁護士(神奈川県弁護士会)は、関東弁護士会連合会のニュース(二〇一九年秋)の中で次のように述べておられる。

「――(略)―― 私共は三人が生きていると信じて、何とか救出したいと思って、考えられるありとあらゆる活動をいたしました。捜査態勢が縮小されないように、そしてこの事件が風化しないように、ほんのちょっとしたことでも私共に情報が寄せられるように、三人が救出できるように、事件が解決できるように、そんな思いで考えつく様々なありとあらゆる活動をいたしました。捜査態勢を拡充するように求める署名活動、集会、街頭宣伝。あるいは全国の地方自治体に対する請願、あるいは全国キャラバン、次々に全国を回りながら集会や街頭宣伝を繰り返す活動。あるいは牛乳パックにこの坂本事件の情報提供を呼びかけるような文字を入れていただいたり、本当に考えられるありとあらゆることをやったと思います」「こうした活動の中で、弁護士が業務に絡んで攻撃を受けるということ、それは基本的人権の擁護と社会正義の実現を使命とする弁護士の活動を阻害しかねない、ひいては市民・国民の権利を侵害する大変卑劣な行為であると、そういう認識が社会で大きく広がっていきました。事件を風化させないため、今後も可能な限り活動を続けていきます」

いま、龍彦ちゃんが生きていれば、三十歳を超えた成人である。堤さんと都子さんが生きていれば、この間社会的に弱い人たちのためにたくさんの立派な仕事をしてこられたことであろう。

この事件を忘れまい。

第16話 回想の中の憧れの人

沼田稲次郎先生との出会い

さまざまな人との出会いを重ねるなかで、とくに大きな影響を受けた人とは、自分がそのような人になりたいと思い続けてきた人、憧れの人でもある。

このような人を語るのは、決断を要する。自分の器以上の理解・深みに届かないからである。が、それでも本書はこの人を抜きにすることができなかった。

労働法の碩学沼田稲次郎先生は、一九一四年のお生まれで、私とは親子ほどの年齢差があった。弁護士になって、二、三年目のことだった。わが国の平和と民主主義の行く末を憂い、私たちはなにをなすべきかを問題提起した先生の時局講演を、満員の大阪中央公会堂で聴いた。堂々とした男振りにほれぼれとし、話の内容に強く共感し、歯切れのよいその口跡に惹きつけられた。

私より一〇歳も先輩の弁護士で、青年法律家協会初代事務局長だった小田成光弁護士（第二東京弁護士会）は、四〇代中葉の沼田先生を初めて訪問したときの印象を見事な文章で綴っている。

「その夜の印象は忘れることができない。何といってもその立居振舞の凛々しさ、男振りである。加えて相当なお茶目気もうかがわれる。いわゆる格好いいのである。きらら な直観を整合性のある論理に巧みにつつみこみ、めり張りのきいた文体で表現する力量、そして論述のスピーディなことである。私は何かこわいものを見たような思いで帰途についたのであった」（日本国際法律家協会編『人類にあしたあれ――日本国際法律家協会の三〇年』勁草書房）

講演を聴いた後、私に先生との接点などできるはずもなく、ときに労働法関連の書物などでお名前を見たり、本多淳亮大阪市立大学教授（当時）から労働法の理論的基礎を築いた人としてお話を伺ったりするだけだった。

「野に民力の砦を」

その講演から一二、三年後の一九八二年、東京都立大学総長の任を終えられた先生は、多くの人から推されて、日本国際法律家協会（国法協）の会長に就任された。

先生の就任は、並々ならぬ決意のもとになされたのであったが、後述の国法協関西支部設立記念講演の中では、その経緯をさらりとお話しされた。

「正直申しますと、私自身は大学をやめて山荘にこもって、少し本でも読もうかと思っておったんですが、仁科哲国法協事務局長（東京弁護士会所属）や小田成光君などが、とにかく出て来いということで、この会に出てきたわけです」

しかし、そのあと会長としての立ち位置をお話しになったとき、単に依頼されたから就任したというようなものではないことがわかった。

先生が会長として目指したのは、平和で民主的な市民社会を築くため、戦争を防ぐためにも、第二次大戦によるおびただしい犠牲の上に普遍的理念となった「人間の尊厳」を市民社会に定着させることであった。

国連憲章から国際人権規約に、さらにその後の人権諸規約が「人間の尊厳」を自覚する理性に立脚するものと高く評価し、この動きを強化することが平和と民主主義を具体的に実現する道である、このような国際的視野から、法律家は平和と人権の確立に寄与する責務があり、使命がある、各国の法律家はそれぞれの国において、政府と社会に働きかけるとともに、国外においても、この理念を浸透させるために、国際的な連帯をつくり出す必要がある、そのためには国法協は自主独立の組織でなければならず、政党や政治勢力によって介入され、影響されることがあってはならない、というのが先生の目指したものであった。

すでに、先生の著作のなかでも、市民社会に民主的風土を定着させるために、在野に民力の砦を築くこと、学者、弁護士など法律家が在野において、大きな役割を担うべきことの重要性を述べられていたが、国法協会長就任は、その実践において自らが先頭に立つことを意味していた。

心に残る記念講演

先生の会長就任は、私にとって先生に近づくことのできる願ってもない機会であり、国法協の一会員として、まずこの組織を強化するお手伝いをしようと考えた。

一九八四年三月、石川元也、山下潔各弁護士（いずれも大阪弁護士会所属）や畑中和夫立命館大学教授ら有力先輩会員の協力を得て、国法協関西支部を設立し、北尻得五郎元日弁連会長（大阪弁護士会）に支部長就任をお願いした。

支部結成総会には、先生に記念講演をお願いすることを、私は当初から決めていた。先生の知名度の高さから、東京での全国総会のときよりも多くの弁護士、学者が参加してくれた。講演に深く感銘を受けた。

先生は、戦争への傾斜をくいとめ、平和と人権を実現していくうえで、国際的人権活動の強化がきわめて現実的な意味を持つこと、法律家こそ、国際法の平和維持機能を活用する重要な役割を担っており、法律家の正義感と法的素養によって育まれた「人間の尊厳」の理念による活動こそが求められていること、を熱っぽく話された。

また、「野に民力の砦」を築くためには、没我の立場に立たなければならず、このような活動は、経済的利益が得られないどころか、身銭を切って、自らの知識、知見を提供し、持ち寄るものであり、さらにそのために一定の時間さえ割き、しかもそのことを人生の価値あるものと位置づけて参加することでなければできない、いま在野に人材をもつ集団は少なく、人材を擁している法律家集団こそ「野に民力の砦」を形成する中心にならなければならない、というお話は終生忘れられないものとなった。

このように仲間を励まし、自信を持たせることにまで配慮した話をされる人に、私は出会ったことがなかった。

先生は講演の中で、当時ゴルバチョフ政権の下で進められていたソビエト連邦でのペレストロイカ（改革）についても触れられた。

「ロシア革命を知らないゴルバチョフの世代で、社会主義が国民生活に定着しなかったならば、社会主義それ自体が幻滅を生ずることになります。いままでは、まだあのロシア革命の残映が残っている連中のことだから、余計に被害妄想を持ち、ああいうように針鼠みたいな形で社会主義を防衛していた。ゴルバチョフの世代は、もっと展望を広く、もっとおおらかに、もっと自信をもって、社会主義を国民生活に還元していくのじゃなかろうかと、私は期待しているんです。これがもし失敗して、いままで通りの路線を行くようだったら、社会主義というのは、少なくとも先進国では、ほとんど意味がなくなって、説得力を失う恐れすら、私は感じております」

どう組織を強化するか

先生は、会長に就任すると、国法協の組織運営にも思い切った改革に着手された。役員選出に、推薦でなく、新たに選挙制度を導入した。「人気投票になるのではないか」との消極意見に対しては、「ブルジョア・デモクラシーをこなせないような市民団体では話にならない」「人気のないような人間が市民運動をやれるものか」とユーモアたっぷりに反論された。

組織強化のため財政面では、「基金」づくりを提唱し、実現させた。

会議運営面では、みんなが自主的に活発な議論ができるようにと、気配りされた。

あえて問題提起をして、議論を深めようともされた。

『『非武装中立』でいいのかどうか。自衛隊は違憲かどうか。国際的視野から眺めて、それらの問題をどう考えるべきか、ということを問題にする必要があると思います。また、進歩的な人たちは、『日米安保条約』は絶対廃棄すべきだという。確かに、法的には一年前に予告をすれば廃棄できるはずだけれども、いまだに存在する。六〇年安保闘争があって以来綿々、その日はめぐりくれども、運動のかけらも出ず、という状況の中で、安保反対、安保離脱というけれども、そんな簡単なことで、国民は『そうだ、そうだ』といってくれるはずもない。それではどういう状況が形成されたときにそれが可能であるのか、ということが、我々の研究課題であると思います」

私は先生にお会いしたくて、理事会のたびに上京した。

当時、理事会の出席者は、のちに名古屋から参加があるまでは、私以外は東京の方ばかりだったので、先生はいつも私を東京以外の代表として、自分の隣の席に座らせ、発言を求めた。

そんな私への気配り、やさしさがうれしかった。

あるときは、私の労をねぎらうためか、ご自宅とは反対方向の東京駅ホームまで見送りに来て下さり、あるときは、理事会のあと、ご馳走していただき、その夜は先生宅に泊めていただいた。

ご一緒した一か月の旅

第6話のとおり、ソビエト科学アカデミーの法学者とわが国の社会主義法研究会の法学者間で定期的にシンポジウムが行われていた。一九八四年一〇月、第三回が、「現代の家族の法的問題」をテーマに、モスクワとキーエフで開かれることになり、初めて学者以外に私など弁護士も参加した。先生は、日本側二四名の団長となり、奥様を同行された。

モスクワでの私たちの宿舎として、来賓用のアカデミーホテルが当てがわれたのであったが、すでに老朽化していた。閉まりつつあるエレベーターのドアは、日本のように少し押し戻せば元に戻るものと思っていたところ、そうはいかず、早速指をつめた。クローゼットの戸はきちんと閉まらなかった。

先生は好奇心がつよく、写真もお好きだった。

ホテルのご自分の部屋だけではもの足りなかったのか、「君の部屋からの景色はどうかね」と早速私の部屋を見にこられた。

ホテルの朝食は、所定の短い時間内に限られ、パンやジュースを並んで受け取らなければならなかった。先生は、深夜まで仕事をし、昼頃起きる生活をしておられたため、朝食に間に合わせて起きるのがつらいようであった。

私たちはよろこんで先生の代わりにパンを受け取り、お待ちしていると、「食べなくてもいいのだが……」と言いながら、実に申し訳なさそうな顔をしてお見えになられたが、気の毒であり、面白くもあった。

先生がこのときのシンポジウムで重責を果たされたことについて、のちに藤田勇東京大学教授（当時）は、先生への弔辞の中で述べておられる。

「モスクワ、キーエフの法学シンポジウムにおいて、ソビエトの法律家に諄々と説かれようとしたのは、世界史の哲学的洞察に基づく人権・民主主義・平和のための法律家の運動の実践的展望でありました」

先生ご夫妻は、そのあとそのままギリシア・アテネで開催されたIADL（国際民主法律家協会）の大会に参加され、私もソビエトからギリシャに同行させていただいた。

モスクワ、キーエフでのシンポジウムを終えた先生は、今度は日本からギリシャに直接参加した人たちを含め、三〇名余の大会団長となり、新たな重責を担った。

アテネに到着すると、ギリシャ駐在の日本大使を表敬訪問されたのを皮切りに、代表としての挨拶等をこなされ、なにより大会の成功に気を配らねばならなかった。この大会のテーマは、「新しい民主的国際秩序のために、平和、発展、人権および諸民族の権利に関する挑戦への法律家の対応」であった。日本代表団員は、報告書の作成、会場での発言、分科会の総括、決議案の審議など、さまざまな役割を担ったが、先生はそれらの活動すべてに責任があった。

八九か国が参加した大会の終了後、ノルドマンIADL会長は、先生に「日本代表団がこの大会の成功に寄与するところ大でした」とお礼を述べた。そんな多忙の中でも、先生は代表団一人ひとりだけでなく、私たちのお世話をしていた旅行社の人の労をもねぎらい、あるとき、そっとウィスキーのボトルを渡しておられるのを見た。

大会終了後、先生ご夫妻はギリシャからハンガリーに赴いた。国法協事務局長の仲田晋弁護士（東京弁護士会）と私だけが同行者となった。

ハンガリーの小村の岸辺でドナウ川の流れを見ていたときである。

先生は、「僕は、小さな支流をすべて受け入れ、さらに大きくなって悠々と流れるドナウのような大河が好きだ」とおっしゃられた。

先生は、当時原水爆禁止運動が分裂していることを憂慮されており、この運動が大河のように団結することを願いつつ、帰国後の自らの活動に思いを馳せておられた。

ソビエトからハンガリーまで、ご一緒させていただいた海外旅行が約一か月におよんだとき、私たち四人は家族のようになったと思った。

先生の残してくれたもの

その後、パリでの国際会議にご一緒させていただいたときのことである。

会議のあと、私たちはムーラン・ルージュでショウを観た。見事な曲芸を見終えて、出口に向ったとき、先生は、「あのような生命がけの芸をみていると、自分のやってきたことが恥ずかしくなるよ。僕はあれほど真剣に生きてこなかった」と私につぶやかれた。

学者として思索を重ね、膨大な著作を残し、学生・学者を育て、社会活動においても多大な貢献をしてこられた先生のあまりに謙虚なお言葉に、私は何も答えられなかった。

一九八七年夏、奈良でお会いしたときのことである。

先生は、「非核の政府を求める会・奈良」の結成総会での記念講演のため、奈良にお見えになった。奈良在住の西谷敏大阪市立大学教授（当時）がこの頃大著を上梓されたので、先生は講演のあとでそれを祝うために会食を考えておられた。先生は、西谷さんを次世代の学者のリーダーとして高く評価しておられた。

先生は、私も会食に誘ってくださったが、このときの会話は西谷さんが先生に学問的アドバイスを求め、先生がそれに答える場面が多く、私はその内容を理解できず、ただ学者と実務家のちがいを感じていた。

食事のあと、私たちは、支払いをしようとしたが、先生は聞き入れず、先生が会計することを譲らなかった。

「僕は自分の金で支払うのじゃないんだ。カードで支払うのだから」

あたかも、カード会社が支払ってくれるかのように言って、私たちをユーモラスに説得しようとされたのであった。先生が亡くなられたのち、先生が奈良講演の機会に私たちと会食したのではなく、私たちに会いたくてわざわざこの講演を引き受けられたことを知った。

その翌年一二月、先生は、法律雑誌の新年号に掲載するため、「いま、改めて人間の尊厳」と題する座談会を、藤田勇教授、渡辺治東京大学助教授（当時）と三人で行われた。先生は、この座談会のために多くの関連資料をお読みになり、入念に準備されたことをのちに知ったが、長時間に及んだ座談会が終わり、ほっとしたところに病魔が襲った。先生は言語機能を喪失し、再起不能となった。先生の社会的活動の壮絶な終わりであった。

この頃、世界は激動していた。東ヨーロッパの激変が始まり、ついにソビエト連邦が崩壊した。先生はこの世界変化をどうお考えになるのだろうか、お尋ねしたかったがそれはできなかった。

先生は一九九七年に亡くなられた。

しかし、奥様との交流が今も続いていることもあり、先生の存在は私の中から消えず、ちょっとした機会にも思い出す。

沼田先生が亡くなられたのち、同じ労働法の学者である本多淳亮先生にお会いしたときのことである。本多先生は「若い人たちは、本を贈っても何も返事がないのです」と淋しそうにおっしゃった。

私はすぐに、私も贈っていただいた一人であることに気がつくとともに、「ハガキ」でお礼を出したので、「失礼にあたらなくてよかった」と思った。

しかし、そんな私の心の内を見抜くかのように、本多先生は言葉を続けた。

「年上の人から贈り物をいただいたとき、お礼は封書で出した方がよいですね」

はっとして、困惑した私の表情を見てとったのであろうか、本多先生は慰めるようにおっしゃった。

「私はこのことを沼田稲次郎先生から教えられたのですよ」

本多先生は、私が沼田先生を敬愛していたことを知っておられたので、このように言って、私を傷つけまいとした。

お二人とも人間の洞察にすぐれ、人間を見る眼は実にやさしかった。小さなことのようにみえて、生きていくうえで大切なことを、お二人の先生は私にこのようなかたちで教えて下さったと思う。

沼田先生はなにより卑劣な生き方を嫌う方であった。随筆集の中にも、卑劣になってはいけないと教えているが、職業上も、生活上も、卑劣な選択をしてしまいそうな場面が少なくない。そのようなとき、いつも先生を思い出す。

先生の追悼文集のなかで、門下生の浅倉むつ子前早稲田大学教授は、「沼田先生の人柄は、思いやりに満ち、人間としてのスケールの大きさ、ものごとの急所を即座に捉える才能と決断力、あらゆる責任を自らが引き受ける潔さなど、心から尊敬できる魅力にあふれていた」と書いておられる。

これこそが、私が先生に憧れたものであった。

第17話
作家・夏樹静子さんの思い出

一九九〇年代後半から、私は活動の軸足を次第に国際人権活動から弁護士会活動に移した。刑事裁判改革のための当番弁護士制度の創設、裁判官制度改革のための弁護士任官制度の創設などの取り組みに関わった。

国際人権活動から次第に遠のくことになった理由は、他にもあった。英語の力不足により活動が限界にきていると思った。もう一つは、この分野に沼田先生が存在しなくなったことだった。

私は二〇〇〇年に入ると、戦後最大の司法改革（裁判員制度、ロースクール、司法支援センター（法テラス）の創設など）に関わり、その中で、さらにその延長線上でも、新たに忘れられない人たちと出会うことになった。そのお一人が作家の夏樹静子さんだった。

「みんなの裁判所」に向かって

二〇〇五年六月、大阪市中央公会堂における日弁連司法シンポジウムで、同じパネリストとして参加しなかったならば、その後の夏樹静子さんとの付き合いはなかった。

二年に一度開かれる日弁連司法シンポジウムは、このときまで、官僚司法の弊害を憂慮し、あるべき司法と現実とのかい離を明らかにしたうえで、最高裁・検察庁に対する強い批判と改革提言を基軸としていた。

しかし、二一世紀初頭の、戦後はじめての大きな司法制度改革事業のなかで、日弁連は市民のための司法を実現するために、最高裁・法務省と緊張関係を保ちながらも協働することに方針転換した。協働とは、異なる立場の組織が一つの目標に向かって一緒に取り組み、対立だけのあり方を乗り越えようとすることである。このシンポジウムは、その立法作業がすべて終わり、司法の全体状況が大きく変化を見せ始めたなかで、『みんなの裁判所』——市民が求める裁判官・裁判所」をテーマに開かれ、これまでの司法シンポジウムとは大きく内容を異にしていた。

多彩なパネリストの顔ぶれ

パネルディスカッションの顔ぶれもこれまでとは違い、弁護士・学者だけであるべき司法を論じるのではなく、現職の裁判官、落語家の桂文珍さん、作家の夏樹静子さんも参加して行われた。裁判官パネリストとして、米国ハワイ州のサブリナ・マッケナー裁判官、最高裁事務総局総務局長の園尾隆司裁判官、弁護士から任官した工藤淳二裁判官が参加し、異色のメンバーであった。私もパネリストに加えていただき光栄だった。

シンポジウムの当日、中央公会堂は満員となった。

夏樹さんは、パネルディスカッションの冒頭で「私はずぶの素人の代表として伺いました。ただ司法曹大好き、司法大好きの『ずぶしろ』でございます」と自己紹介した。

会者の明賀秀樹弁護士（大阪弁護士会）は夏樹さんに、そもそも裁判官をどのようなイメージで見ているかと尋ねた。夏樹さんが答えた。

「『量刑』という小説（二〇〇一年発刊—著者注）を書こうと思い立って取材を始めた五、六年前までの私のイメージは、鋼鉄のハートを持つ異星人という感じで、何を食べていらっしゃるんだろうとまじめに思っていたくらいです。抽象的で、程遠く、神格に近いようなイメージで、だから、どのような判決も従わなければしょうがないと思うような存在でした。ところが、『量刑』の取材で、電車通勤をなさる裁判官がいらっしゃると聞きまして、ショックを覚えました。満員電車でもまれて出勤なさった方が、黒い上っ張りを着ただけで、「死刑だ」、「無期だ」、と言われても困っちゃうな、という狼狽感でした。でも、実際にお会いした多くの裁判官が、皆さん気さくで、「裁判官だって赤ちょうちんもカラオケも行きますよ」とおっしゃって下さって、私たちと同じ普通の方だったんだという、当たり前のことに目を開かせられたような思いがいたします」

これを受けて、すぐに桂文珍さんが口を開いた。

「いや、あっそうですか、裁判官さんは赤ちょうちんに行ったりするんですか。私どもは裁判官さんというのは、できるだけ生涯会いたくない人というイメージです。裁判というものに入り込まないで平穏に毎日を過ごそう、というふうに普通は考えるんですよ。今回のテーマは「みんなの裁判所」ですが、裁判所をみんなのものにしてよいのかなと、基本的なところから戸惑いを感じております。街で、「こんにちは、私、裁判官です」という人に出会ったことがない。いつもギャザーの入ったお洋服をお召しになって、背もたれが高いと裁判官で、ひょっとすると、あの人たちは、ぱっと裸になると桜吹雪でもしてるんじゃないかと、そのぐらいのイメージしかございません。どういう毎日を送ってらっしゃるんだろう、きっとお友達も少ないだろうと、裁判官どうしで毎日を過ごして、官舎と裁判所の往復をしているんだったら、刑務所に入っているのも同じじゃないか、というイメージを失礼ながら持っておりました」

これで会場は一気に盛り上がった。

司会者は、市民からみて裁判官は遠い人であり、これからは裁判官をもっと身近に感じてもらう司法にしなければならないことを、お二人に指摘してもらいたいと思っていたから滑り出しは上々だった。

弁護士から裁判官に任官した工藤裁判官は、

「弁護士のときは、毎年三〇〇枚から五〇〇枚の名刺が一年でなくなるのに裁判官の場合は、三年で一〇〇枚がなくならないという状態です。その弁護士でも敷居が高いと言われているわけですから、裁判官は市民にとっては、なお、かけ離れた存在ということになると思います」

と続いた。

園尾裁判官は、大学のとき落語研究会に所属し、裁判官になっても高座に上がっていた。自己紹介で、

「本日は上方落語界から桂文珍師匠が出られると聞きまして、これは一大事と、勝手に東京の落語界を代表してまいりました」

と言って笑わせたのち、

「テレビニュースでは、裁判官はいつも、ひな壇の上でまばたき一つしないで、正面を向かってにらんでいるように見えます。この間、寄席に出ましたときにお客さんから言われました。『ああ私、生きてる裁判官見たの、初めて』。我々は剥製ではないのですから、まばたきもすれば息もします」

「この頃は（市民に）裁判員制度の説明をしていかなければならないこともあり、裁判官が『出前講義』ということで、中学校や高校あるいは地域の集まりに出ていくようなことも多くなってきています。皆さんもそのうちにそういう裁判官をお目にするようになると思いますので、ご近所で『生きている裁判官』にお会いになったら、是非ひと声かけていただければと思います」

と話したので、会場は爆笑に包まれた。

このように、ユニークなパネリストのおかげで、司法改革で新しく導入された裁判官の任命制度や人事評価制度の改革などの本題に入ると、率直、前向きの発言が相次いだ。

シンポジウムは大成功だった。私にとっても、会場が地元大阪で、日弁連事務総長を終えた直後の解放感もあり、本当に楽しいものであった。

シンポジウムの「同窓会」

その後、夏樹さんと明賀さんとの間で話し合いがあり、園尾さんと私が加わった四人で「シンポジウムの同窓会」をすることになった。「同窓会」は、シンポジウムと無関係に、お互いに楽しく食事をしようというだけだったが、法律家とは異質の世界で活躍する大作家への興味、関心から、私たち法律家の三人は夏樹さんに質問ばかりして、その答えを楽しんだ。

夏樹さんは、私より三歳年上で、四人の中で最年長だった。その知名度は、推理小説を読むことのない私でさえよく知っているほど大変高く、著書『第三の女』（一九七八年発行）では、「フランス犯罪小説大賞」を受賞するなど、国際的にも評価され、各国語に翻訳された著書の数はびっくりするほど多かった。にもかかわらず、自慢したり、えらそうにするところがまったくなく、ご自分の生い立ち、ご家族のことまでお話され、いつお会いしても気持ちのよい方だった。

私にもいろいろと気配りをして下さり、二〇〇七年一月、『司法改革』（朝日新聞社刊）を上梓したときはとてもよろこんで下さり、この本の新聞広告を切り抜いて持ってきてくださった。

夏樹さんが「光栄な晩さん会」とよぶ、私たちの「同窓会」は、夏樹さんが福岡から上京する機会に、夏樹さん行きつけの、銀座にある小さな、感じのよい小料理屋で開催されることが常だった。

私は、この頃初めて夏樹さんの作品の一つ、『茉莉子』（一九九九年発行）を読んだ。不妊治療、体外受精というテーマをミステリー形式で扱った作品で、舞台の一つが京都の東山にある「石塀小路」だった。ガイドブックで知って訪れたことがあり、私の好きな古都の風情が色濃く漂う小世界だったので、「同窓会」の四人で京都見学することを提案し、「石塀小路」の中の料理店を予約した。料理店を訪れると、なんと、その料理長は、夏樹さんの小説『Wの悲劇』を読んでおり、改めて夏樹さんの知名度の高さを知った。

この京都見物をよろこんでくださった夏樹さんは、今度は福岡の案内を申し出て下さり、その翌年の「同窓会」では、柳川、太宰府などを廻り、夜は夫君出光芳秀氏に大変ご馳走になった。芳秀氏はユーモアたっぷりの方で、新婚間もない頃、夏樹さんが調味料と間違って洗剤を使ってしまい、自分の口から泡が出たといって私たちを笑わせ、さらに「そのうち、私は横ばいに、歩くようになりましてね」と付け加えたのであった。

福岡旅行ののち、夏樹さんから「人生後半でも親友のような方々にめぐり逢えるのだと、幸せと感激を新たにさせていただきました」と、お手紙をいただいた。

裁判への強い関心

夏樹さんと私は、司法制度改革によってできた裁判官の適格性を審査する裁判官指名諮問委員会の委員（委員数は一一名）を、一時期ともに務めた。その後日本司法支援センター（法テラス）でも、夏樹さんは顧問として、私は常務理事として、ご一緒させていただいた。

裁判官指名諮問委員会は、これまで裁判所内部だけに委ねられていた裁判官の任命過程に、国民の意見を反映させるため、裁判官委員二人のほかに外部から九人、合計一一人の委員が個々の裁判官の適格性を審査し、その結論を最高裁に答申する制度だった。この委員会は特定の裁判官が思想信条によって差別され、排除されることがないように、日弁連が強く求めてきた制度だった。

委員会では、あるべき裁判官像の違いや、委員に提供される資料に関して、裁判官委員、最高裁事務総局と私はしばしば対立し、激論に及んだ。

私は、これを聴いておられる夏樹さんにはきっと愛想をつかされただろうと思っていた。

ところが、夏樹さんは、年賀状で「諮問委員会での舌鋒の鋭さと、お手紙や文字のお優しさとの微妙なコンビネーションが、先生のキャラクターの素晴らしい魅力だと思います」と書いてくださり、夏樹さんの寛大さ、優しさに感激した。

「法テラス」の発行する広報誌「ほうてらす」二〇〇九年一月号に、夏樹さんへのインタビューが掲載されたことがあった。

「(作家としての取材先は)スーパー業界や航空業界、鉱山や人工宝石の関係などいろいろです。自分が何も知らないから、聞くことすべてが新鮮でおもしろい。自分が啓蒙される楽しさというのでしょうか。その一方でミステリーを書くと、どうしても法律が絡んできます。それで六法全書を読むと、法律ってこんなにおもしろいものだったのかと。なんで自分は法律家にならなかったんだろうとさえ思いましたね」

裁判員制度の啓発に尽力

夏樹さんの晩年の作品は、裁判にかかわるものが多かった。

そのなかでも、二〇〇九年上梓の、裁判員制度を扱った『てのひらのメモ』はこの制度の啓発を目的にした作品だった。翌二〇一〇年、人が人を裁くことの意味を問いかける『裁判百年史ものがたり』を上梓され、二〇一三年の最後の作品も裁判員裁判を扱った『孤独な放火魔』であった。

『裁判百年史ものがたり』（文春文庫）は、わが国に近代的な司法制度が確立されてから今日に至るまでの無数の裁判のなかから、夏樹さんがとくに意義深く、のちの時代にも影響を及ぼしたと考える一二の裁判を選び出して解説したものであった。

夏樹さんは、親しい裁判官の協力なども得てぼう大な資料を読み、法制度に関する広く深い知識と、司法の独立の重要性、あるべき刑事裁判などについての高い見識のもとに執筆された。

夏樹さんは、戦前の「大逆事件」について、「非公開の裁判で、あっという間に二四名の死刑判決が下されます。これは証拠無視の思想弾圧といわざるを得ません」と裁判批判した。

「八海事件」については、温厚そのものの夏樹さんが、さらに厳しく、『事実の認定は証拠による』という刑訴法第三一七条の規定を裁判官が謙虚に守るか否かに帰着する。換言すれば、的確な証拠の裏付けのない心証で裁判をしてはならないという、分かりきった鉄則を守るか否かということである。八海事件で有罪側の裁判は、最高裁をふくめて、すべて、この分かりきった鉄則を無視したものであるという一語につきる」「(裁判官の自由心証主義の)自由が、証拠を無視した主観的、独善的な心証で裁判する権力に変わることは恐ろしい」と指摘している。

この本の末尾には、夏樹さんが上京する楽しみの一つとしておられた碁の好敵手・島田仁郎元最高裁長官との特別対談「事実の面白さ、裁判の深さ」が登載されている。

そこでも、「拷問による自白の強要があり、その自白によって裁判官の心証が形成されていく怖さを感じました」と語り、だからこそ、夏樹さんは、「裁判員裁判では、一般市民の、権力と無縁な率直な目が、公正な心証をつくりあげる大きな力になることを期待した」のである。

この本について、島田さんは、取り上げられている「どの裁判についても、豊富な資料に基づいて、法律専門家にも決して遜色ないまでに十分に内容を理解して書かれていると思います」「夏樹さんの視線はあくまで中立公平だと思いました。その目で、裁判の歴史、裁判の真価というものを客観的にとらえている」と述べておられる。

このように、すぐれた「法律家」でもあった夏樹さんは、二〇一六年三月、七七歳で急逝された。二〇一九年五月、裁判員制度が実施されてからちょうど一〇年を迎えた。最高裁のアンケート調査によると、裁判員を経験した人の実に九六%が「経験してよかった」と答えている。夏樹さんが存命であれば、この結果をとてもよろこばれたことであろう。

他方、調査結果では、裁判員になる人の辞退率が年々高くなっている。

私は思った。夏樹さんなら、このことを憂慮され、この制度啓発のために新たな本の執筆にきっと着手されたに違いない、と。

おわりに

国際会議では、通常その終了後に会議報告書が作成され、会議参加者の感想文も登載されることが多い。

本書は、手元に残る数多くの報告書及び関係書類をもとに執筆した。

自由、人権、民主主義のために献身的に取り組む人たちは、国内の人たちも、国外の人たちもやさしく、勇気があり、人間的魅力に溢れているように思われる。

それは、自らの地位や利益だけを考えて生きているのではなく、他者を思い、社会をよりよいものにしたいと願い、ときに金銭を度外視し、危険があっても立ち向かっているからであろう。

本書を執筆しながら、そのような人たちとの出会いが、私の人生をどれほど豊かにしてくれたことかと思い、ご交誼をいただいた方々に心からお礼を申し上げたい。

二〇一五年に日本評論社から『裁判に尊厳を懸ける――勇気ある人びとの軌跡』を出版した際、同社法律編集部の小野邦明氏に大変お世話になったが、本書もまた同氏の適切な助言によって出来上がったことに深く感謝する次第である。

二〇二〇年四月

大川真郎

■著者紹介
大川真郎（おおかわ・しんろう）
1941年3月　和歌山県出身
1964年3月　東京大学法学部卒業
1969年4月　弁護士登録
1991年4月～1992年3月　大阪弁護士会副会長
2002年4月～2004年3月　日本弁護士連合会事務総長
2004年4月～2008年3月　立命館大学法科大学院特別契約教授
2010年7月～2013年4月　日本司法支援センター(法テラス)常務理事
主著：『豊島産業廃棄物不法投棄事件』（日本評論社、2001年）、『司法改革——日弁連の長く困難なたたかい』（朝日新聞社出版局、2007年）、『ある心臓外科医の裁判』（日本評論社、2012年）、『裁判に尊厳を懸ける——勇気ある人びとの軌跡』（日本評論社、2015年）など。

響《ひび》きあう人権《じんけん》
——やさしさと勇気《ゆうき》は国境《こっきょう》を越《こ》えて

2020年7月25日　第1版第1刷発行

著　者——大川真郎
発行所——日本評論社サービスセンター株式会社
発売所——株式会社　日本評論社
〒170-8474　東京都豊島区南大塚3－12－4
電話03-3987-8621（販売）　8592（編集）
FAX 03-3987-8590（販売）　8596（編集）
https://www.nippyo.co.jp/　振替　00100-3-16
印　刷——平文社
製　本——難波製本
装　幀——神田程史

ISBN 978-4-535-52499-6　検印省略